卷 首 语

　　为了落实案例指导制度，总结审判经验，统一法律适用，最高人民法院自 2011 年 11 月起，陆续发布了四批指导性案例。本辑解读收录了 2013 年年初发布的第四批指导案例以及徐工集团工程机械股份有限公司诉成都川交工贸有限责任公司等买卖合同纠纷案、中海发展股份有限公司货轮公司申请设立海事赔偿责任限制基金案的理解与参照。需要说明的是，之所以刊载该文件的时间有一定滞后，盖希望将相关理解与适用文章附于其后，方便读者参考。

　　近年来，我国电信和互联网行业快速发展，新技术、新应用层出不穷，对促进经济社会发展起到了积极的作用。与此同时，用户个人信息的泄露风险和保护难度不断增大，加强用户个人信息保护立法成为社会广泛关注的问题。工业和信息化部相继出台了《电信和互联网用户个人信息保护规定》《电话用户真实身份信息登记规定》，对进一步完善电信和互联网行业个人信息保护制度有重要意义。本辑解读收录了该文件及解读，以期对读者有所裨益。

图书在版编目（CIP）数据

民事法律文件解读. 总第 103 辑/奚晓明主编. —北京：人民法院出版社，2013.8
（最新法律文件解读丛书）
ISBN 978 - 7 -5109 - 0771 -5

Ⅰ.①民… Ⅱ.①奚… Ⅲ.①民法 – 法律解释 – 中国 ②民事诉讼法 – 法律解释 – 中国 Ⅳ.①D923.05②D925.105

中国版本图书馆 CIP 数据核字（2013）第 205742 号

民事法律文件解读·总第 103 辑

主编 奚晓明

责任编辑	肖瑾璟	
出版发行	人民法院出版社	
地　　址	北京市东城区东交民巷 27 号　邮编　100745	
电　　话	（010）67550562（责任编辑）　67550558（发行部查询）	
	65223677（读者服务部）	
网　　址	http://www.courtbook.com.cn	
E – mail	courtbook@sina.com	
印　　刷	北京人卫印刷厂	
经　　销	新华书店	
开　　本	787×1092 毫米　1/16	
字　　数	140 千字	
印　　张	8	
版　　次	2013 年 8 月第 1 版　　2013 年 8 月第 1 次印刷	
书　　号	ISBN 978 - 7 -5109 - 0771 -5	
定　　价	16.00 元	

《最新法律文件解读》丛书
编 委 会

目　录

[司法解释、司法解释性文件与解读]

最高人民法院
关于发布第四批指导性案例的通知

2013 年 1 月 31 日   法〔2013〕24 号

各省、自治区、直辖市高级人民法院，解放军军事法院，新疆维吾尔自治区高级人民法院生产建设兵团分院：

经最高人民法院审判委员会讨论决定，现将王召成等非法买卖、储存危险物质案等四个案例（指导案例13－16 号），作为第四批指导性案例发布，供在审判类似案件时参照。

指导案例 13 号

王召成等非法买卖、储存危险物质案
（最高人民法院审判委员会讨论通过   2013 年 1 月 31 日发布）

关键词 刑事 非法买卖、储存危险物质 毒害性物质
裁判要点

1. 国家严格监督管理的氰化钠等剧毒化学品，易致人中毒或者死亡，对人体、环境具有极大的毒害性和危险性，属于刑法第一百二十五条第二款规定的"毒害性"物质。

2. "非法买卖"毒害性物质，是指违反法律和国家主管部门规定，未经有关主管部门批准许可，擅自购买或者出售毒害性物质的行为，并不需要兼有买进和卖出的行为。

相关法条

《中华人民共和国刑法》第一百二十五条第二款

基本案情

公诉机关指控：被告人王召成、金国淼、孙永法、钟伟东、周智明非法买卖氰化钠，危害公共安全，且系共同犯罪，应当以非法买卖危险物质罪追究刑事责任，但均如实供述自己的罪行，购买氰化钠用于电镀，未造成严重后果，可以从轻处罚，并建议对五被告人适用缓刑。

被告人王召成的辩护人辩称：氰化钠系限用而非禁用剧毒化学品，不属于毒害性物质，王召成等人擅自购买氰化钠的行为，不符合刑法第一百二十五条第二款规定的构成要件，在未造成严重后果的情形下，不应当追究刑事责任，故请求对被告人宣告无罪。

法院经审理查明：被告人王召成、金国淼在未依法取得剧毒化学品购买、使用许可的情况下，约定由王召成出面购买氰化钠。2006 年 10 月至 2007 年年底，王召成先后 3 次以每桶 1000 元的价格向倪荣华（另案处理）购买氰化钠，共支付给倪荣华 40000 元。2008 年 8 月至 2009 年 9 月，王召成先后 3 次以每袋 975 元的价格向李光明（另案处理）购买氰化钠，共支付给李光明 117000 元。王召成、金国淼均将上述氰化钠储存在浙江省绍兴市南洋五金有限公司其二人各自承包车间的带锁仓库内，用于电镀生产。其中，王召成用总量的三分之一，金国淼用总量的三分之二。2008 年 5 月和 2009 年 7 月，被告人孙永法先后共用 2000 元向王召成分别购买氰化钠 1 桶和 1 袋。2008 年 7、8 月间，被告人钟伟东以每袋 1000 元的价格向王召成购买氰化钠 5 袋。2009 年 9 月，被告人周智明以每袋 1000 元的价格向王召成购买氰化钠 3 袋。孙永法、钟伟东、周智明购得氰化钠后，均储存于各自车间的带锁仓库或水槽内，用于电镀生产。

裁判结果

浙江省绍兴市越城区人民法院于 2012 年 3 月 31 日作出（2011）绍越刑初字第 205 号刑事判决，以非法买卖、储存危险物质罪，分别判处被告人王召成有期徒刑三年，缓刑五年；被告人金国淼有期徒刑三年，缓刑四年六个月；被告人钟伟东有期徒刑三年，缓刑四年；被告人周智明有期徒刑三年，缓刑三年六个月；被告人孙永法有期徒刑三年，缓刑三年。宣判后，五被告人均未提出上诉，判决已发生法律效力。

裁判理由

法院生效裁判认为：被告人王召成、金国淼、孙永法、钟伟东、周智明在未取得剧毒化学品使用许可证的情况下，违反国务院《危险化学品安全管理条例》等规定，明知氰化钠是剧毒化学品仍非法买卖、储存，危害公共安全，其行为均已构成非法买卖、储存危险物质罪，且系共同犯罪。关于王召成的辩护人提出的辩护意见，经查，氰化钠虽不属于禁用剧毒化学品，但系列入危险化学品名录中严格监督管理的限用的剧毒化学品，易致人中毒或者死亡，对人体、环境具有极大的毒害性和极度危险性，极易对环境和人的生命健康造成重大威胁和危害，属于刑法第一百二十五条第二款规定的"毒害性"物质；"非法买卖"毒害性物质，是指违反法律和国家主管部门规定，未经有关主管部门批准许可，擅自购买或者出售毒害性物质的行为，并不需要兼有买进和卖出的行为；王召成等人不具备购买、储存氰化钠的资格和条件，违反国家有关监管规定，非法买卖、储存大量剧毒化学品，逃避有关主管部门的安全监督管理，破坏危险化学品管理秩序，已对人民群众的生命、健康和财产安全产生现实威胁，足以危害公共安全，故王召成等人的行为已构成非法买卖、储存危险物质罪，上述辩护意见不予采纳。王召成、金国淼、孙永法、钟伟东、周智明到案后均能如实供述自己的罪行，且购买氰化钠用于电镀生产，未发生事故，未发现严重环境污染，没有造成严重后果，依法可以从轻处罚。根据五被告人的犯罪情节及悔罪表现等情况，对其可依法宣告缓刑。公诉机关提出的量刑建议，王召成、钟伟东、周智明请求从轻处罚的意见，予以采纳，故依法作出如上判决。

指导案例 14 号

董某某、宋某某抢劫案

（最高人民法院审判委员会讨论通过　2013 年 1 月 31 日发布）

关键词　刑事　抢劫罪　未成年人犯罪　禁止令

裁判要点

对判处管制或者宣告缓刑的未成年被告人，可以根据其犯罪的具体情况以及禁止事项与所犯罪行的关联程度，对其适用"禁止令"。对于未成年人因上网诱发犯罪的，可以禁止其在一定期限内进入网吧等特定场所。

相关法条

《中华人民共和国刑法》第七十二条第二款

基本案情

被告人董某某、宋某某（时年17周岁）迷恋网络游戏，平时经常结伴到网吧上网，时常彻夜不归。2010年7月27日11时许，因在网吧上网的网费用完，二被告人即伙同王某（作案时未达到刑事责任年龄）到河南省平顶山市红旗街社区健身器材处，持刀对被害人张某某和王某某实施抢劫，抢走张某某5元现金及手机一部。后将所抢的手机卖掉，所得赃款用于上网。

裁判结果

河南省平顶山市新华区人民法院于2011年5月10日作出（2011）新刑未初字第29号刑事判决，认定被告人董某某、宋某某犯抢劫罪，分别判处有期徒刑二年六个月，缓刑三年，并处罚金人民币1000元。同时禁止董某某和宋某某在36个月内进入网吧、游戏机房等场所。宣判后，二被告人均未上诉，判决已发生法律效力。

裁判理由

法院生效裁判认为：被告人董某某、宋某某以非法占有为目的，以暴力威胁方法劫取他人财物，其行为均已构成抢劫罪。鉴于董某某、宋某某系持刀抢劫；犯罪时不满十八周岁，且均为初犯，到案后认罪悔罪态度较好，宋某某还是在校学生，符合缓刑条件，决定分别判处二被告人有期徒刑二年六个月，缓刑三年。考虑到被告人主要是因上网吧需要网费而诱发了抢劫犯罪；二被告人长期迷恋网络游戏，网吧等场所与其犯罪有密切联系；如果将被告人与引发其犯罪的场所相隔离，有利于家长和社区在缓刑期间对其进行有效管教，预防再次犯罪；被告人犯罪时不满十八周岁，平时自我控制能力较差，对其适用禁止令的期限确定为与缓刑考验期相同的三年，有利于其改过自新，因此，依法判决禁止二被告人在缓刑考验期内进入网吧等特定场所。

指导案例 15 号

徐工集团工程机械股份有限公司诉
成都川交工贸有限责任公司等买卖合同纠纷案

（最高人民法院审判委员会讨论通过　2013 年 1 月 31 日发布）

关键词　民事　关联公司　人格混同　连带责任

裁判要点

1. 关联公司的人员、业务、财务等方面交叉或混同，导致各自财产无法区分，丧失独立人格的，构成人格混同。

2. 关联公司人格混同，严重损害债权人利益的，关联公司相互之间对外部债务承担连带责任。

相关法条

《中华人民共和国民法通则》第四条

《中华人民共和国公司法》第三条第一款、第二十条第三款

基本案情

原告徐工集团工程机械股份有限公司（以下简称徐工机械公司）诉称：成都川交工贸有限责任公司（以下简称川交工贸公司）拖欠其货款未付，而成都川交工程机械有限责任公司（以下简称川交机械公司）、四川瑞路建设工程有限公司（以下简称瑞路公司）与川交工贸公司人格混同，三个公司实际控制人王永礼以及川交工贸公司股东等人的个人资产与公司资产混同，均应承担连带清偿责任。请求判令：川交工贸公司支付所欠货款 10916405.71 元及利息；川交机械公司、瑞路公司及王永礼等个人对上述债务承担连带清偿责任。

被告川交工贸公司、川交机械公司、瑞路公司辩称：三个公司虽有关联，但并不混同，川交机械公司、瑞路公司不应对川交工贸公司的债务承担清偿责任。

王永礼等人辩称：王永礼等人的个人财产与川交工贸公司的财产并不混同，不应为川交工贸公司的债务承担清偿责任。

法院经审理查明：川交机械公司成立于 1999 年，股东为四川省公路桥梁

工程总公司二公司、王永礼、倪刚、杨洪刚等。2001 年，股东变更为王永礼、李智、倪刚。2008 年，股东再次变更为王永礼、倪刚。瑞路公司成立于 2004 年，股东为王永礼、李智、倪刚。2007 年，股东变更为王永礼、倪刚。川交工贸公司成立于 2005 年，股东为吴帆、张家蓉、凌欣、过胜利、汤维明、武竞、郭印，何万庆 2007 年入股。2008 年，股东变更为张家蓉（占 90% 股份）、吴帆（占 10% 股份），其中张家蓉系王永礼之妻。在公司人员方面，三个公司经理均为王永礼，财务负责人均为凌欣，出纳会计均为卢鑫，工商手续经办人均为张梦；三个公司的管理人员存在交叉任职的情形，如过胜利兼任川交工贸公司副总经理和川交机械公司销售部经理的职务，且免去过胜利川交工贸公司副总经理职务的决定系由川交机械公司作出；吴帆既是川交工贸公司的法定代表人，又是川交机械公司的综合部行政经理。在公司业务方面，三个公司在工商行政管理部门登记的经营范围均涉及工程机械且部分重合，其中川交工贸公司的经营范围被川交机械公司的经营范围完全覆盖；川交机械公司系徐工机械公司在四川地区（攀枝花除外）的唯一经销商，但三个公司均从事相关业务，且相互之间存在共用统一格式的《销售部业务手册》、《二级经销协议》、结算账户的情形；三个公司在对外宣传中区分不明，2008 年 12 月 4 日重庆市公证处出具的《公证书》记载：通过因特网查询，川交工贸公司、瑞路公司在相关网站上共同招聘员工，所留电话号码、传真号码等联系方式相同；川交工贸公司、瑞路公司的招聘信息，包括大量关于川交机械公司的发展历程、主营业务、企业精神的宣传内容；部分川交工贸公司的招聘信息中，公司简介全部为对瑞路公司的介绍。在公司财务方面，三个公司共用结算账户，凌欣、卢鑫、汤维明、过胜利的银行卡中曾发生高达亿元的往来，资金的来源包括三个公司的款项，对外支付的依据仅为王永礼的签字；在川交工贸公司向其客户开具的收据中，有的加盖其财务专用章，有的则加盖瑞路公司财务专用章；在与徐工机械公司均签订合同、均有业务往来的情况下，三个公司于 2005 年 8 月共同向徐工机械公司出具《说明》，称因川交机械公司业务扩张而注册了另两个公司，要求所有债权债务、销售量均计算在川交工贸公司名下，并表示今后尽量以川交工贸公司名义进行业务往来；2006 年 12 月，川交工贸公司、瑞路公司共同向徐工机械公司出具《申请》，以统一核算为由要求将 2006 年度的业绩、账务均计算至川交工贸公司名下。

另查明，2009 年 5 月 26 日，卢鑫在徐州市公安局经侦支队对其进行询问时陈述：川交工贸公司目前已经垮了，但未注销。又查明徐工机械公司未得到清偿的货款实为10511710.71元。

裁判结果

江苏省徐州市中级人民法院于2011年4月10日作出（2009）徐民二初字第0065号民事判决：一、川交工贸公司于判决生效后10日内向徐工机械公司支付货款10511710.71元及逾期付款利息；二、川交机械公司、瑞路公司对川交工贸公司的上述债务承担连带清偿责任；三、驳回徐工机械公司对王永礼、吴帆、张家蓉、凌欣、过胜利、汤维明、郭印、何万庆、卢鑫的诉讼请求。宣判后，川交机械公司、瑞路公司提起上诉，认为一审判决认定三个公司人格混同，属认定事实不清；认定川交机械公司、瑞路公司对川交工贸公司的债务承担连带责任，缺乏法律依据。徐工机械公司答辩请求维持一审判决。江苏省高级人民法院于2011年10月19日作出（2011）苏商终字第0107号民事判决：驳回上诉，维持原判。

裁判理由

法院生效裁判认为：针对上诉范围，二审争议焦点为川交机械公司、瑞路公司与川交工贸公司是否人格混同，应否对川交工贸公司的债务承担连带清偿责任。

川交工贸公司与川交机械公司、瑞路公司人格混同。一是三个公司人员混同。三个公司的经理、财务负责人、出纳会计、工商手续经办人均相同，其他管理人员亦存在交叉任职的情形，川交工贸公司的人事任免存在由川交机械公司决定的情形。二是三个公司业务混同。三个公司实际经营中均涉及工程机械相关业务，经销过程中存在共用销售手册、经销协议的情形；对外进行宣传时信息混同。三是三个公司财务混同。三个公司使用共同账户，以王永礼的签字作为具体用款依据，对其中的资金及支配无法证明已作区分；三个公司与徐工机械公司之间的债权债务、业绩、账务及返利均计算在川交工贸公司名下。因此，三个公司之间表征人格的因素（人员、业务、财务等）高度混同，导致各自财产无法区分，已丧失独立人格，构成人格混同。

川交机械公司、瑞路公司应当对川交工贸公司的债务承担连带清偿责任。公司人格独立是其作为法人独立承担责任的前提。《中华人民共和国公司法》（以下简称《公司法》）第三条第一款规定："公司是企业法人，有独立的法人财产，享有法人财产权。公司以其全部财产对公司的债务承担责任。"公司的独立财产是公司独立承担责任的物质保证，公司的独立人格也突出地表现在财产的独立上。当关联公司的财产无法区分，丧失独立人格时，就丧失了独立承担责任的基础。《公司法》第二十条第三款规定："公司股东滥用公司法人独立地位和股东有限责任，逃避债务，严重损害公司债权人利益的，应当对公司债务承担连带责任。"本案中，三个公司虽在工商登记部门登记为彼此独立的企业法人，但实际上相互之间界线模糊、人格混同，其中川交工贸公司承担所有关联公司的债务却无力清偿，又使其他关联公司逃避巨额债务，严重损害了债权人的利益。上述行为违背了法人制度设立的宗旨，违背了诚实信用原则，其行为本质和危害结果与《公司法》第二十条第三款规定的情形相当，故参照《公司法》第二十条第三款的规定，川交机械公司、瑞路公司对川交工贸公司的债务应当承担连带清偿责任。

指导案例 16 号

中海发展股份有限公司货轮公司申请设立
海事赔偿责任限制基金案

（最高人民法院审判委员会讨论通过　2013 年 1 月 31 日发布）

关键词　海事诉讼　海事赔偿责任限制基金　海事赔偿责任限额计算
裁判要点

1. 对于申请设立海事赔偿责任限制基金的，法院仅就申请人主体资格、事故所涉及的债权性质和申请设立基金的数额进行程序性审查。有关申请人实体上应否享有海事赔偿责任限制，以及事故所涉债权除限制性债权外是否同时存在其他非限制性债权等问题，不影响法院依法作出准予设立海事赔偿责任限制基金的裁定。

2.《中华人民共和国海商法》第二百一十条第二款规定的"从事中华人民共和国港口之间的运输的船舶"，应理解为发生海事事故航次正在从事中华人民共和国港口之间运输的船舶。

相关法条

1. 《中华人民共和国海事诉讼特别程序法》第一百零六条第二款

2. 《中华人民共和国海商法》第二百一十条第二款

基本案情

中海发展股份有限公司货轮公司（以下简称货轮公司）所属的"宁安11"轮，于2008年5月23日从秦皇岛运载电煤前往上海外高桥码头，5月26日在靠泊码头过程中触碰码头的2号卸船机，造成码头和机器受损。货轮公司遂于2009年3月9日向上海海事法院申请设立海事赔偿责任限制基金。货轮公司申请设立非人身伤亡海事赔偿责任限制基金，数额为2242643计算单位（折合人民币25442784.84元）和自事故发生之日起至基金设立之日止的利息。

上海外高桥发电有限责任公司、上海外高桥第二发电有限责任公司作为第一异议人，中国人民财产保险股份有限公司上海市分公司、中国大地财产保险股份有限公司上海分公司、中国平安财产保险股份有限公司上海分公司、安诚财产保险股份有限公司上海分公司、中国太平洋财产保险股份有限公司上海分公司、中国大地财产保险股份有限公司营业部、永诚财产保险股份有限公司上海分公司等7位异议人作为第二异议人，分别针对货轮公司的上述申请，向上海海事法院提出了书面异议。上海海事法院于2009年5月27日就此项申请和异议召开了听证会。

第一异议人称："宁安11"轮系因船长的错误操作行为导致了事故发生，应对本次事故负全部责任，故申请人无权享受海事赔偿责任限制。"宁安11"轮是一艘可以从事国际远洋运输的船舶，不属于从事中国港口之间货物运输的船舶，不适用交通部《关于不满300总吨船舶及沿海运输、沿海作业船舶海事赔偿限额的规定》（以下简称《船舶赔偿限额规定》）第四条规定的限额，而应适用《中华人民共和国海商法》（以下简称《海商法》）第二百一十条第一款第（二）项规定的限额。

第二异议人称：事故所涉及的债权性质虽然大部分属于限制性债权，但其中清理残骸费用应当属于非限制性债权，申请人无权就此项费用申请限制赔偿责任。其他异议意见和理由同第一异议人。

上海海事法院经审理查明：申请人系"宁安11"轮登记的船舶所有人。涉案船舶触碰事故所造成的码头和机器损坏，属于与船舶营运直接相关的财产损失。另，"宁安11"轮总吨位为26358吨，营业运输证载明的核定经营范围为"国内沿海及长江中下游各港间普通货物运输"。

裁判结果

上海海事法院于 2009 年 6 月 10 日作出（2009）沪海法限字第 1 号民事裁定，驳回异议人的异议，准许申请人设立海事赔偿责任限制基金，基金数额为人民币 25442784.84 元和该款自 2008 年 5 月 26 日起至基金设立之日止的银行利息。宣判后，异议人中国人民财产保险股份有限公司上海市分公司提出上诉。上海市高级人民法院于 2009 年 7 月 27 日作出（2009）沪高民四（海）限字第 1 号民事裁定，驳回上诉，维持原裁定。

裁判理由

法院生效裁判认为：根据《最高人民法院关于适用〈中华人民共和国海事诉讼特别程序法〉若干问题的解释》第八十三条的规定，申请设立海事赔偿责任限制基金，应当对申请人的主体资格、事故所涉及的债权性质和申请设立基金的数额进行审查。

货轮公司是"宁安 11"轮的船舶登记所有人，属于《海商法》第二百零四条和《中华人民共和国海事诉讼特别程序法》第一百零一条第一款规定的可以申请设立海事赔偿责任限制基金的主体。异议人提出的申请人所属船舶应当对事故负全责，其无权享受责任限制的意见，因涉及对申请人是否享有赔偿责任限制实体权利的判定，而该问题应在案件的实体审理中解决，故对第一异议人的该异议不作处理。

鉴于涉案船舶触碰事故所造成的码头和机器损坏，属于与船舶营运直接相关的财产损失，依据《海商法》第二百零七条的规定，责任人可以限制赔偿责任。因此，第二异议人提出的清理残骸费用属于非限制性债权，申请人无权享有该项赔偿责任限制的意见，不影响法院准予申请人就所涉限制性债权事项提出的设立海事赔偿责任限制基金申请。

关于"宁安 11"轮是否属于《海商法》第二百一十条第二款规定的"从事中华人民共和国港口之间的运输的船舶"，进而应按照何种标准计算赔偿限额的问题。鉴于"宁安 11"轮营业运输证载明的核定经营范围为"国内沿海及长江中下游各港间普通货物运输"，涉案事故发生时其所从事的也正是从秦皇岛港至上海港航次的运营。因此，该船舶应认定为"从事中华人民共和国港口之间的运输的船舶"，而不宜以船舶适航证书上记载的船舶可航区域或者船舶有能力航行的区域来确定。为此，异议人提出的"宁安 11"轮所准予航行的区域为近海，是一艘可以从事国际远洋运输船舶的意见不予采纳。申请人据此申请适用《海商法》第二百一十条第二款和《船舶赔偿限额规定》第四条规定的标准计算涉案限制基金的数额并无不当。异议人有关适用《海商法》第二百一十条第一款第（二）项规定计算涉案基金数额的主张及理由，依据不足，不予采纳。

鉴于事故发生之日国际货币基金组织未公布特别提款权与人民币之间的换算比率，申请人根据次日公布的比率 1 : 11. 345 计算，异议人并无异议，涉案船舶的总吨位为 26358 吨，因此，涉案海事赔偿责任限额为〔（26358 - 500）×167 + 167000〕×50% = 2242643 特别提款权，折合人民币 25442784. 84 元，基金数额应为人民币 25442784. 84 元和该款自事故发生之日起至基金设立之日止按中国人民银行同期活期存款利率计算的利息。

指导案例 15 号《徐工集团工程机械股份有限公司诉成都川交工贸有限责任公司等买卖合同纠纷案》的理解与参照

最高人民法院案例指导工作办公室[*]

2013 年 1 月 31 日，最高人民法院发布了指导案例《徐工集团工程机械股份有限公司诉成都川交工贸有限责任公司等买卖合同纠纷案》。为了正确理解和准确参照适用该指导案例，现对其推选经过、裁判要点等需要说明问题等有关情况予以解释、论证和说明。

一、推选过程及其意义

2012 年 10 月，江苏省高级人民法院向最高人民法院推荐该备选指导性案

---

[*] 执笔人：刘净。

例。最高人民法院案例指导工作办公室经研究讨论后将该案例送最高人民法院民二庭审查和征求意见。民二庭认为，本案是对《公司法》第二十条的灵活运用，具有较强的指导意义。2013 年 1 月 21 日，最高人民法院审判委员会经讨论认为，该案例符合《最高人民法院关于案例指导工作的规定》第二条的有关规定，具有指导意义，同意将该案例确定为指导性案例。1 月 31 日，最高人民法院以法〔2013〕24 号文件将该案例作为第四批指导性案例予以发布。

该案例涉及关联公司人格混同的认定及法律责任承担问题，进一步完善了我国公司法人格否认制度，有利于防止关联公司滥用公司法人独立地位和股东有限责任，恶意逃避债务，损害公司债权人利益；有利于规范关联公司的经营行为，促进企业依法生产经营和健康发展。

二、裁判要点的理解与说明

该指导案例的裁判要点确认：（1）关联公司的人员、业务、财务等方面交叉或混同，导致各自财产无法区分，丧失独立人格的，构成人格混同。（2）关联公司人格混同，严重损害债权人利益的，关联公司相互之间对外部债务承担连带责任。现围绕与该裁判要点相关的问题逐一说明如下：

（一）如何认定"关联公司"

我国《公司法》是以单一公司为原型设计的，对关联公司的概念未作规定，但随着规模经济的发展，公司之间出现多种形式的联合，涉及关联公司的法律问题越来越多，需要对相关问题进行法律规制。本案例涉及关联公司人格混同问题，首先需要了解什么是"关联公司"。

从国外立法情况看，国际组织和各国对关联公司的界定不尽相同。《联合国关于发达国家与发展中国家间避免双重征税的协定范本》和《经济合作与发展组织关于避免双重征税的协定范本》中都规定了构成国际关联企业的两种情况：（1）缔约国一方企业直接或间接参与缔约国另一方企业的管理、控制或资本；（2）同一人直接或间接参与缔约国一方企业和缔约国另一方企业的管理、控制或资本。可见，上述范本把参与管理、控制或资本作为认定关联企业的依据。从美国立法看，1935 年的《公共事业控股法》中第一次明确提出母子公司概念，规定任何公司对已发行的有表决权的股票中，如果有 10% 或更多的数量为另一公司所掌握时，该公司即为另一公司的子公司；1940 年《投资公司法》将直接或间接持有 25% 其他公司股权作为控制公司的界定标准。但至今在成文法中并未明确关联公司的概念，而是通过判例对关联公司予以规范。德国 1965 年公布的《股份公司法》采用列举的方式归纳出关联企业的表现形式，第 15 条规定："关联企业是指法律上独立的企业，这些企业在相互关系上属于拥有多数资产的企业和占有多数股份的企业、从属企业和支配企业、康采恩企业、相互参股企业或互为一个企业合同的签约方。"日本的公司法中也未明确关联公司的概念，但在《财务诸表规则》第 8 条第 4 款规定：一方公司实质上拥有另一公司 20%以上 50%以下的表决权，并通过人事、资金、技术和交易等手段严重影响该公司的财务与经营方针者为关联公司。

我国《公司法》虽未明确何为关联公司，但《企业所得税法实施条例》第一百零九条规定："企业所得税法第四十一条所称关联方，是指与企业有下列关联关系之一的企业、其他组织或者个人：（一）在资金、经营、购销等方面存在直接或者间接的控制关系；（二）直接或者间接地同为第三者控制；（三）在利益上具有相关联的其他关系。"《税收征收管理法实施细则》（2012年修订）第五十一条也作出了类似规定，并且国家税务总局发布的《特别纳税调整实施办法（试行）》（国税发〔2009〕2号）作了进一步明确列举，其中第九条列举了八种构成关联关系的情形，对《企业所得税法实施条例》中规定的三个方面关联关系作了细化规定，更具有可操作性。我们认为，在我国《公司法》尚未对关联公司作出明确法律界定时，可以参考上述规定来认定关联公司。

（二）如何认定"人格混同"

公司的独立人格和股东的有限责任是现代公司法人制度的两大基石，但是公司法人制度在发挥其推动投资增长和迅速积累资本的同时，也可能被股东用作逃避契约或法律义务、牟取非法利益的工具。20 世纪初，美国法院首次通过判例否认了公司法人格，大陆法系的德国和日本也是通过判例来否认公司法人格。我国 2005 年修订《公司法》时，引入了公司法人格否认制度，在世界各国普遍以判例来解决公司法人格否认的情况下，我国把这一制度写入成文法本身就是一大创举，是我国公司法对世界公司法的一大贡献。[①] 然而，由于公司法人格否认制度本身内涵丰富，情形多变，成文法难以将适用公司法人格否认的场合一一列举。本案例中涉及的关联公司之间人格混同的情形，即属于我国《公司法》中未明确具体规定的内容。如何认定关联公司之间构成"人格

① 参见刘俊海：《现代公司法》，法律出版社 2011 年版，第 545 页。

民事法律文件解读

混同"，从本案例中可以获得一些启示。

本案例裁判要点第一点中载明："关联公司的人员、业务、财务等方面交叉或混同，导致各自财产无法区分，丧失独立人格的，构成人格混同。"该裁判要点表明，在上述情况下，可以认定关联公司构成人格混同，但准确地说，该裁判要点并非关联公司人格混同的定义或概念。要严谨准确地表达"人格混同"的概念，是一个比较困难的课题。虽然一般认为，关联公司人格混同，是指关联公司之间界限模糊，如资产不分、人员交叉、业务混同，甚至注册地、营业地、银行账户、电话号码等完全相同，令外界无法分清交易的对象，但由于人格混同的表现形式多样，混同的手段不断翻新，一旦确定某一表现形式构成人格混同的表征，则某些公司必然尽力回避这些表征，同时依然保有实质混同，使债权人掌握证据和法院认定判断是否构成人格混同的难度大大增加。我们认为，认定关联公司人格混同，一般可以从以下方面进行分析判断：

1. 关联公司人格混同的表征因素

（1）人员混同。这是指关联公司之间在组织机构和人员上存在严重的交叉、重叠。如公司之间董事相互兼任，公司高级管理人员交叉任职，甚至雇员也相同，最典型的情形是"一套人马，多块牌子"。

（2）业务混同。这是指关联公司之间从事相同的业务活动，在经营过程中彼此不分。如同一业务有时以这家公司名义进行，有时又以另一公司名义进行，以致于与之交易的对方当事人无法分清与哪家公司进行交易活动。

（3）财务混同。这是指关联公司之间账簿、账户混同，或者两者之间不当冲账。需要注意的是，关联公司依法合并财税报表，以及在分开记账、支取自由前提下的集中现金管理，不应被视为财务混同。

上述三种情形，是关联公司人格混同的典型表面特征，是人格混同的常见表现形式。实践中，人格混同的情形也不限于上述三个方面的表征因素，还有诸如电话号码一致、宣传内容一致等。在认定人格混同时，还需要注意的是，在集团公司、母子公司结构之下，控制公司对其下属公司的人员、业务、财务进行统一管理是一种经常性的状态。比如，在人员方面，集团公司会向下属公司派遣管理人员；在业务方面，集团公司会对下属公司制定统一的业务规范，下达统一的生产经营计划，进行统一考核；在财务方面，集团公司会建立统一的财务管理制度，等等。我们认为，这种统一的管理，只要是在合法的范围内，在控制公司没有滥用权利、侵犯下属公司独立人格的前提下，不属于人格混同。

2. 关联公司人格混同的实质因素

财产混同,指关联公司之间的财产归属不明,难以区分各自的财产。如关联公司的住所地、营业场所相同,共同使用同一办公设施、机器设备,公司之间的资金混同,各自的收益不加区分,公司之间的财产随意调用,等等。这是关联公司人格混同的实质因素,因为财产混同违背了公司财产与股东财产相分离、公司资本维持和公司资本不变等基本原则,潜藏着公司财产被隐匿、非法转移或被私吞、挪用的重大隐患,严重影响公司对外清偿债务的能力。《公司法》第三条第一款规定:"公司是企业法人,有独立的法人财产,享有法人财产权。公司以其全部财产对公司的债务承担责任。"可见,公司的独立财产是公司独立承担责任的物质保证,公司的独立人格也突出地表现在财产的独立上。

3. 关联公司人格混同的结果因素

关联公司人格混同的结果因素,是指人格混同的程度必须达到"严重损害债权人利益"的后果时,法院才否认关联公司的法人格,让关联公司之间承担连带责任。该结果因素实际上包含了两方面的内容:其一,债权人的权益因为关联公司人格混同而受到了严重的侵害;其二,如果不适用法人格否认,将无从保障债权人的利益。本案例裁判要点第二点载明"关联公司人格混同,严重损害债权人利益的,关联公司相互之间对外部债务承担连带责任",明确地表达了这一内涵。也就是说,即使具有关联公司人格混同的情形,但实际上未给他人造成损失,也不能否认公司法人格。这是因为法人制度中的人格独立、股东有限责任以及公司法人格否认的宗旨,都是为了将利益和风险在公司的出资人和公司的债权人之间公平地分配,实现一种利益平衡关系。当公司独立人格被滥用,导致债权人的利益受损时,必然使利益失衡,从而需要否定公司独立人格,对债权人的损失进行弥补,实现一种利益补偿。若债权人利益没有受损,则不需要否认公司独立人格去矫正并未失衡的利益体系。至于如何认定"严重损害债权人利益"?我们认为,衡量的标准是公司的偿债能力,即公司能否偿还债权人的到期债权。如果公司能够偿还债务,债权人就不能主张否认公司独立人格。

(三)关于本案例的法律适用

1. 关于《公司法》第二十条的法律适用

公司法人格否认适用中最为传统、最为典型的情形是股东滥用公司的独立人格和股东有限责任，此时的法律责任是从公司指向股东，由股东来承担公司的责任。随着社会经济生活的发展，法人格被滥用的花样不断翻新，如母公司将自己的利益转移给子公司，将母公司空壳化，以使母公司逃避债务，又如姐妹公司之间人格混同，资产不当转移，等等。法人格否认理论也随之进一步发展，时至今日，法人格否认已经突破了传统的适用范围，出现了某些扩张适用情形，主要包括法人格否认的反向适用和姐妹公司之间的法人格否认。"反向适用"指否认公司独立人格后，由公司替股东承担责任，或母子公司场合下由子公司替母公司承担责任。"姐妹公司之间的法人格否认"又称为"揭开姐妹公司的面纱"或"三角刺破"。在"三角刺破"中，责任以一种类似于三角形的路线流动，首先从被控制的公司流向控股股东，接着从该控股股东流向其他受制于该股东的具有关联性的企业。其实，这样一种"三角刺破"的提法只不过是一种形象的说法而已，表明责任的承担不是直线流动的，而是通过一定的媒介发生了转向，最终由同一股东控制下的其他公司承担了责任。①

我国《公司法》第二十条第一款规定："公司股东应当遵守法律、行政法规和公司章程，依法行使股东权利，不得滥用股东权利损害公司或者其他股东的利益；不得滥用公司法人独立地位和股东有限责任损害公司债权人的利益。"第三款规定："公司股东滥用公司法人独立地位和股东有限责任，逃避债务，严重损害公司债权人利益的，应当对公司债务承担连带责任。"本案例中关联公司人格混同的行为，能否适用《公司法》第二十条予以解决？对此存在不同观点。有的认为，本条款是对公司股东行为的规制，责任承担主体是实施滥用公司法人独立地位和股东有限责任行为的股东，责任承担形式是上述股东与公司共同对债权人承担连带责任。无论采取何种解释方式，都不能得出第二十条可以适用于人格混同等情形下作为判令相关关联企业承担民事责任的法律依据的结论。② 也有的认为，《公司法》第二十条第一款是针对公司法人格否认法理的总括性规定，只要是股东滥用法人格和股东有限责任的情形，无论是传统情形，还是扩张情形，均在本款的规制范围之内。③

我们认为，司法实践中，法官不可避免地需要对法律进行解释，在解释中应当遵循解释的基本原则，如忠实于法律文本的原则、忠实于立法目的和立法

---

① 朱慈蕴：《公司法人格否认制度理论与实践》，人民法院出版社 2009 年版，第 47～55 页。
② 参见刘建功：《〈公司法〉第 20 条的适用空间》，载《法律适用》2008 年第 1、2 期。
③ 朱慈蕴：《公司法人格否认制度理论与实践》，人民法院出版社 2009 年版，第 211 页。

意图原则等。扩张解释作为一种解释方法，虽然对法律用语作比通常含义更广的解释，但不能超出法律用语可能具有的含义，只能在法律文义的"射程"范围内进行解释。从《公司法》第二十条的文义来看，其规制的对象是股东，行为主体和责任主体都是股东，将股东扩张解释至关联公司，则显然超出了扩张解释的范畴。但是，关联公司人格混同的原因多是由于股东滥用了公司法人独立地位和股东有限责任所致，否认关联公司各自的独立人格，将关联公司视为一体，对其中特定公司的债权人的请求承担连带责任，实质就是将滥用关联公司人格的股东责任延伸至完全由其控制的关联公司上，由此来救济利益受损的债权人。因此，本案例比照最相类似的条款，按照类似情况类似处理的原则，参照适用了《公司法》第二十条第三款，判决关联公司之间承担连带责任。

2. 关于《民法通则》第四条和《公司法》第三条的适用

我国《民法通则》第四条规定："民事活动应当遵循自愿、公平、等价有偿、诚实信用的原则。"诚实信用，是市场经济活动中形成的道德规则，要求人们在市场经济活动中讲究信用、恪守诺言、诚实不欺，在不损害他人利益和社会公共利益的前提下追求自己的利益。诚实信用原则是民法基本原则，而关联公司人格混同、逃避债务的行为正是违反了诚实信用原则，因此，该条可以作为否认公司法人格的法律依据。

《公司法》第三条第一款的规定是关于法人财产独立的法律条文，前已有述，公司的独立财产是公司独立承担责任的物质保证，公司的独立人格也突出地表现在财产的独立上。只有在财产分离的情况下，公司才能以自己的财产独立地对其债务负责。当关联公司的财产无法区分，丧失独立人格时，就丧失了独立承担责任的基础。因此，该条款作为否认公司法人格的适用条款，也是适当的。

三、其他需要说明的问题

第一，应当审慎适用。公司人格独立、股东承担有限责任是基本原则，而公司法人格否认原则是一种例外适用原则。维护公司法人独立地位是公司法的主要价值取向，只有在公司独立人格和股东有限责任原则被滥用，严重损害债权人利益时，才能为保护债权人利益而例外地适用。因此，在否认公司独立人格时，应当采取谨慎的态度，只有具有明确的人格混同的事实，并且严重损害债权人利益，无法通过其他途径救济时，才能否认公司独立人格。

第二，关于判决的效力范围。法人格否认理论只对特定个案中公司的独立人格予以否认，而不是对该公司法人格全面、彻底、永久地否认。也就是说，否认公司法人格的判决效力不涉及该公司的其他法律关系，并且不影响该公司作为一个公司独立实体合法地继续存在。这与公司因解散、破产而注销，从而在制度上绝对、彻底丧失法人资格的情形完全不同，只是"一时一事"地否认公司法人格，具有相对性和特定性，而不具有绝对性和对世性。

指导案例 16 号《中海发展股份有限公司货轮公司申请设立海事赔偿责任限制基金案》的理解与参照

最高人民法院案例指导工作办公室*

2013 年 1 月 31 日，最高人民法院发布了指导性案例《中海发展股份有限公司货轮公司申请设立海事赔偿责任限制基金案》（指导案例 16 号）。为了正确理解和准确参照适用该指导性案例，现对其推选经过、裁判要点、需要说明问题等情况予以解释、论证和说明。

一、推选过程及其意义

中海发展股份有限公司货轮公司申请设立海事赔偿责任限制基金案，由上海海事法院作为备选指导性案例报送上海市高级人民法院，经上海市高级人民法院审判委员会讨论决定，将本案例向最高人民法院案例指导工作办公室推荐。案例指导工作办公室经研究讨论后将该案例送最高人民法院民四庭审查和征求意见。民四庭经审查认为，该案例适用法律正确，对审理同类案件具有指导作用，同意作为指导性案例。2013 年 1 月 22 日，最高人民法院审委会经讨论认为，该案例符合《最高人民法院关于案例指导工作的规定》第二条的有

---

* 执笔人：王淑梅、汪洋、李兵。

关规定，同意将该案例确定为指导性案例。1 月 31 日，最高人民法院以法〔2013〕24 号文件将该案例作为第四批指导性案例予以发布。

该案例旨在明确申请设立海事赔偿责任限制基金案件的审查范围和从事中国港口之间运输的船舶的界定问题。长期以来，对于设立海事赔偿责任限制基金申请的审查范围，理论上始终存在争议；审判实践中，对《海商法》第二百一十条第二款规定的"从事中华人民共和国港口之间的运输的船舶"，也存在不同的理解。该案例重申了法院对于设立海事赔偿责任限制基金申请只从三个方面进行程序性审查的原则，同时确定从事中国港口之间运输的船舶应理解为发生海事事故航次正在从事中国港口之间运输的船舶，对类似案件的审理具有示范意义，有利于保证申请设立海事赔偿责任限制基金案件的审判效率，对保护沿海运输行业的合法权益具有重要意义。

二、裁判要点的理解与说明

该指导案例的裁判要点确认：（1）对于申请设立海事赔偿责任限制基金的，法院仅就申请人主体资格、事故所涉及的债权性质和申请设立基金的数额进行程序性审查。有关申请人实体上应否享有海事赔偿责任限制，以及事故所涉债权除限制性债权外是否同时存在其他非限制性债权等问题，不影响法院依法作出准予设立海事赔偿责任限制基金的裁定。（2）《海商法》第二百一十条第二款规定的"从事中华人民共和国港口之间的运输的船舶"，应理解为发生海事事故航次正在从事中华人民共和国港口之间运输的船舶。以下围绕与该裁判要点相关的问题逐一说明。

（一）海事赔偿责任限制与海事赔偿责任限制基金

海事赔偿责任限制，是在发生海事事故后，将有关责任主体的赔偿责任限制在一定范围内的一项传统的法律制度，体现了法律对航运业适当而特殊的保护，也是有关责任主体享有的一项非常重要的实体性抗辩权。《海商法》第二百一十三条规定，责任人要求限制赔偿责任的，可以在有管辖权的法院设立责任限制基金。《海事诉讼特别程序法》第一百零一条第一款规定，船舶所有人、承租人、经营人、救助人、保险人在发生海事事故后，依法申请责任限制的，可以向海事法院申请设立海事赔偿责任限制基金。《海商法》第二百一十四条规定，责任人设立责任限制基金后，向责任人提出请求的任何人，不得对责任人的任何财产行使任何权利；已设立责任限制基金的责任人的船舶或者其他财产已经被扣押，或者基金设立人已经提交抵押物的，法院应当及时下令释放或者责令退还。《最高人民法院关于适用〈中华人民共和国海事诉讼特别程序法〉若干问题的解释》（以下简称《海事诉讼特别程序法解释》）第八十六条规定，设立海事赔偿责任限制基金后，向基金提出请求的任何人，不得就该项索赔对设立或以其名义设立基金的人的任何其他财产，行使任何权利。实践中，海事事故发生后，责任人往往向法院申请设立责任限制基金。相关海事纠纷经实体审理后，认定责任人可以限制赔偿责任的，责任人的赔偿范围即以设立的基金为限。

虽然责任限制与责任限制基金具有密切的联系，但两者分属实体法和程序法上的制度，彼此独立。责任限制的目的和法律后果在于抗辩和限制责任人实体上的赔偿责任。设立责任限制基金的目的和法律后果，一方面在于提出要求限制赔偿责任的意思表示，而更为直接的是在于避免责任人的船舶或者其他财产被保全，同时也起到督促相关债权人及时主张权利的作用。责任人要求限制赔偿责任的，《海商法》第二百一十三条、《海事诉讼特别程序法》）第一百零一条第一款均规定"可以"而非"应当"设立责任限制基金。《最高人民法院关于审理海事赔偿责任限制相关纠纷案件的若干规定》（以下简称《责任限制解释》）第十三条规定，责任人未申请设立海事赔偿责任限制基金，不影响其在诉讼中对《海商法》第二百零七条规定的海事请求提出海事赔偿责任限制抗辩。上述条文从正、反两个角度说明，设立责任限制基金并非实现责任限制的必要条件，提出责任限制抗辩，不以设立该基金为前提。同时，设立责任限制基金也不是实现责任限制的充分条件，即便设立了基金，经实体审理后责任人也可能无权享受责任限制。反之，责任限制也不是设立责任限制基金的必要条件，责任人是否有权限制责任，不影响能否准予设立基金。综上，主张享受责任限制不一定需要申请设立责任限制基金，设立了责任限制基金也不一定能享受责任限制。责任人是否可以享受责任限制属于实体问题，需要对相关海事纠纷进行实体审理并认定责任人是否存在《海商法》第二百零九条规定的情形后才能判定，不能也无法在程序性的申请设立基金阶段予以审查。《海事诉讼特别程序法解释》第八十三条规定，利害关系人依据《海事诉讼特别程序法》第一百零六条的规定对申请人设立海事赔偿责任限制基金提出异议的，海事法院应当对设立基金申请人的主体资格、事故所涉及的债权性质和申请设立基金的数额进行审查，明确了对设立基金申请的审查范围以及只进行程序性审查的原则。本案例中，异议人提出的事故船舶应对事故负全部责任、申请人无权享受责任限制的异议，法院未予采纳。

（二）设立海事赔偿责任限制基金申请的审查范围

1. 申请设立基金的主体

依据《海事诉讼特别程序法》第一百零一条和《海商法》第二百零四条、第二百零六条的规定，发生海事事故后，船舶所有人、船舶承租人、船舶经营人、救助人、对海事赔偿请求承担责任的保险人，可以申请设立责任限制基金。《责任限制解释》第十二条还规定，《海商法》第二百零四条规定的船舶经营人是指登记的船舶经营人，或者接受船舶所有人委托实际使用和控制船舶并应当承担船舶责任的人，但不包括无船承运业务经营者。本案例中，申请人系事故船舶的所有人，可以设立责任限制基金。

2. 海事事故所涉及的债权性质

海商法理论上，一般将责任人可以针对提出责任限制抗辩的海事请求称为限制性债权，责任人对此类债权可以主张限制自己的赔偿责任，也可以就此申请设立责任限制基金；将责任人不可以针对提出责任限制抗辩的海事请求称为非限制性债权，责任人对此类债权不能主张限制自己的赔偿责任，也不能就此申请设立责任限制基金。实践中，因某一海事事故所产生的海事请求往往是错综复杂的，可能既存在限制性债权，又存在非限制性债权。此种情况下，法院应当如何对《海事诉讼特别程序法解释》第八十三条规定的"海事事故所涉及的债权性质"进行审查？我们认为，法院依据该条规定审查的应当是海事事故所涉及的整体的债权性质，即责任人申请设立基金所针对的海事请求是否属于《海商法》第二百零七条规定的限制性债权，而非审查某一海事请求人特定债权的性质。只要海事事故引发的海事请求中存在限制性债权，哪怕只有一个，法院就应当准予责任人就该事故设立责任限制基金。某一海事请求人以其特定债权属于非限制性债权、责任人无权对此限制赔偿责任为由，对设立基金申请提出的异议，不影响法院准予设立责任限制基金。当然，如果法院审查后发现，责任人设立基金所针对的海事请求全部属于《海商法》第二百零八条规定的债权或其他非限制性债权，则应当驳回责任人设立基金的申请。本案例中，异议人提出的事故所涉债权中有部分是非限制性债权的异议，法院未予采纳。

3. 申请设立基金的数额

《海商法》第二百一十条第一款规定了300总吨以上船舶的海事赔偿责任

限额，第二款将不满 300 总吨的船舶、从事中国港口之间运输的船舶以及从事沿海作业的船舶的赔偿限额授权由国务院交通主管部门制定。据此，原交通部制定、国务院批准发布了《关于不满 300 总吨船舶及沿海运输、沿海作业船舶海事赔偿限额的规定》（1993 年 11 月 7 日国务院批准、1993 年 11 月 15 日交通部令第 5 号发，以下简称《赔偿限额规定》）。该规定第四条规定，从事中国港口之间货物运输或者沿海作业的船舶，不满 300 总吨的，其海事赔偿限额依照该规定第三条规定的赔偿限额的 50% 计算；300 总吨以上的，其海事赔偿限额依照《海商法》第二百一十条第一款规定的赔偿限额的 50% 计算。依据该条规定，从事国内港口间货物运输船舶的赔偿限额，只有从事国际货物运输船舶赔偿限额的一半。这一规定体现了立法对国内航运业给予的特别支持和保护，也是《海商法》第二百一十条第二款和《赔偿限额规定》的价值取向所在。对于需要承担赔偿责任的责任人，以及因海事事故遭受损失的债权人而言，这个差别具有巨大的现实利益影响。责任人当然希望适用减半的赔偿限额，以大幅降低自身的赔偿责任。债权人在依据《海商法》第二百一十条第一款或《赔偿限额规定》第三条规定的责任限额仍可能无法得到全额赔偿的情况下，当然更不希望适用还要在此基础上减半的赔偿限额。近年来的司法实践表明，在申请人主体资格、事故所涉债权性质两方面的异议一般难以成立的情况下，适用哪一个限额标准往往成为申请设立海事赔偿责任限制基金案件中最主要的争议。本案例中即是如此。依据《海事诉讼特别程序法》第一百零八条的规定，海事赔偿责任限制基金的数额，为海事赔偿责任限额和自事故发生之日起至基金设立之日止的利息；以担保方式设立基金的，担保数额为基金数额及其在基金设立期间的利息。

（三）"从事中华人民共和国港口之间的运输的船舶"的确定标准

本案例中，事故船舶营业运输证载明的核定经营范围为"国内沿海及长江中下游各港间普通货物运输"，事发航次是从秦皇岛港至上海港。申请人据此认为，事故船舶为从事中国港口之间运输的船舶，应当适用《赔偿限额规定》第四条规定的赔偿限额。而事故船舶海上货船适航证书载明其准予航行"近海航区（航线）"，异议人据此认为，该轮是一艘可以从事国际远洋运输的船舶，不属于从事中国港口之间货物运输的船舶，应当适用《海商法》第二百一十条第一款规定的赔偿限额。究竟适用何种赔偿限额，关键在于对"从事中华人民共和国港口之间的运输的船舶"的正确理解，或者说到底依据何种标准加以确定。具体而言，可能涉及以下几个判断标准：

1. 航行能力——船舶适航证书

船舶适航证书是由法定船检机构颁发的用以证明船舶适合于海上航行以及核定航行区域的必备船舶证书之一。适航证书是经过技术检验后对船舶的航行能力及可航区域所作出的描述。中国船级社 2006 年发布的《国内航行海船入级规则》将船舶航区划分为：（1）远海，超出近海航区的海域；（2）近海，距岸不超过 200 海里；（3）沿海，距岸不超过 20 海里；（4）遮蔽，沿海航区内，海岸与岛屿或岛屿与岛屿围成的海域且之间距离不超过 10 海里。从这些划分来看，区别特征在于距离海岸的远近程度以及由此带来的航行风险。

2. 营运资质——船舶营业运输证

船舶营业运输证是国家交通运输主管部门对船舶可以从事的营运范围颁发的行政许可证书，类似于企业的营业执照。船舶营运资质则类似于营业执照上记载的企业经营范围。它与船舶航行能力的关系是，具备相应的航行能力是获得营业许可的必要条件，但不是充分条件。营运资质的获得仍可能需要符合诸如资金、管理、组织机构等其他条件。有可能某条船舶本身具备远洋航行的能力，但只获得从事国内沿海运输的许可和经营资质，不能经营国际运输；也有可能某条船舶具备远洋航行的能力，但只有经营国际航线的许可和资质，不能经营国内沿海运输业务。

3. 船舶特定航次的航行路线

就船舶的某一特定航次而言，与其航行能力未必完全吻合。其不一定按照航行能力和可航区域的"上限"运行，有能力进行远洋运输的可能实际在沿海航行。特殊情况下，船舶甚至也有可能从事与其营运范围不相符合的运输业务。

上述三种标准，航行能力、营运资质体现的分别是船舶本身、行政许可方面的应然状态，而特定航次则是航行时的实然状态。解决究竟依据何种标准的分歧，核心在于对"从事运输的船舶"中"从事"的理解，是"有能力"从事、"有资格"从事，还是"实际"从事。审判实践中对此存在不同的理解，有观点认为，应当以船舶本身的航行能力和可航区域作为确定船舶性质的标准，船舶既然有从事国际运输的能力，就不应当将其界定为从事中国港口之间运输的船舶。我们认为，这种理解是片面和错误的，"从事运输的船舶"中的"从事"，应当理解为在船舶营运范围内的实际从事或者说正在从事。理由如下：

第一，从文义解释的角度，"从事"的涵义为"投身到（事业中去）；（按某种办法）处理"。① "从事中华人民共和国港口之间的运输的船舶"中的"从事"显然只能是此项涵义，故其所直接指向的应当是船舶的营运行为，而非隐含在营运行为背后的船舶航行能力。《海商法》第二百一十条第二款有关"从事中华人民共和国港口之间的运输的船舶"规定的本意，应当是从营运资质的角度出发，针对的对象是所有经营范围为国内港口之间运输的船舶。

第二，"有能力"从事所反映的是船舶的航行能力和可航区域，而《海商法》第二百一十条只有中国港口之间运输和非中国港口之间运输的区分，与船舶的航行能力和可航区域之间不具有对应和衔接关系。本案事故船舶可航区域虽然为近海，确实"有能力"从事一定范围内的国际运输，但并不能以其有从事国际运输的航行能力，就认定其不是从事国内港口之间运输的船舶。

第三，船舶营运资质所反映的"有资格"从事，与船舶是否实际从事国内港口之间的运输，同样不具有完全的对应性。若船舶同时具有国际运输和国内港口之间运输的营运许可，则无法单纯以其营运资质来确定其是否属于从事国内港口之间运输的船舶。另外，一般情况下，船舶不会超出行政机关核定的营运范围从事运输业务。但若船舶超越经营范围，实际从事了国际运输，则应当适用《海商法》第二百一十条第一款或《赔偿限额规定》第三条规定的责任限额。

第四，以事故发生时的实际航次作为确定标准符合立法精神。如前所述，《海商法》对国内、国际运输的海事赔偿责任限制采取区别对待，其价值取向就是要保护和扶持国内航运业的发展。以船舶营运范围内的事发航次作为确定赔偿限额的标准，符合立法的本意和价值取向。相反，如果以船舶的航行能力作为确定标准，一定程度上会产生阻碍我国航运技术进步和国内沿海航行安全的负面影响。因为可航区域较大的船舶显然在技术规范和安全性方面较可航区域较小的船舶更为先进，从事国内港口之间运输发生安全事故的概率相对较低。若以船舶航行能力来确定赔偿限额，客观上势必导致投入较高技术和安全成本的船舶，反而承担更大赔偿责任的不合理现象。船舶所有人、经营人自然

① 中国社会科学院语言研究所词典编辑室编：《现代汉语词典（修订本）》，商务印书馆1996年版。

也失去了提高船舶技术性能和安全水准的积极性，国内沿海航线上整体的船舶性能将有所劣化，这显然既不是立法者所愿意看到的结果，也有悖司法应当发挥的良好导向作用。

综上，《海商法》第二百一十条第二款规定的"从事中华人民共和国港口之间的运输的船舶"，应当理解为事发航次正在从事中国港口之间的运输的船舶。本案例中，事故船舶在事发航次正在从事的恰是与其经营范围相符的国内港口之间的运输，故应当适用《赔偿限额规定》计算其赔偿限额。

三、其他需要说明的问题

第一，本指导案例强调了对设立海事赔偿责任限制基金的申请进行程序性审查的原则。以往的司法实践中，有观点认为，鉴于基金设立与责任限制成立的要件部分重叠，且两者间具有一定内在联系，故在责任人与债权人一致同意的前提下，可以在申请设立基金案件中就责任人能否享受责任限制一并进行审查。我们认为，申请设立基金与享受责任限制虽有内在联系，但毕竟分属程序和实体问题，审查后的裁判形式也不同，一为裁定，一为判决。因此，即便当事人一致同意或提出要求，仍不应当在设立基金阶段就责任限制实体权利进行审查。

第二，对从事国内港口间运输船舶规定较低的赔偿限额，体现了对国内航运业的特别保护政策。而对于国内港口间的运输，我国是采取严格准入制度的，目的是为了规范国内航运市场，维护经营者权益。《国际海运条例》第二十八条第二款规定，外国国际船舶运输经营者不得经营中国港口之间的船舶运输业务，也不得利用租用的中国籍船舶或者舱位，或者以互换舱位等方式变相经营中国港口之间的船舶运输业务。《水路运输管理条例》第七条规定，未经中华人民共和国交通部准许，外资企业、中外合资经营企业、中外合作经营企业不得经营中华人民共和国沿海、江河、湖泊及其他通航水域的水路运输。我们认为，特殊情况下，如果一艘船舶没有获得营运许可而实际从事了国内港口之间的运输，则其发生海事事故时不能适用《赔偿限额规定》规定的较低的赔偿限额，否则同样有违《海商法》第二百一十条第二款的立法本意和价值取向。

[部门规章、部门规章性文件与解读]

工业和信息化部

电信和互联网用户个人信息保护规定

(2013 年 6 月 28 日工业和信息化部第 2 次部务会议审议通过

2013 年 7 月 16 日工业和信息化部令第 24 号公布

自 2013 年 9 月 1 日起施行)

第一章 总 则

第一条 为了保护电信和互联网用户的合法权益，维护网络信息安全，根据《全国人民代表大会常务委员会关于加强网络信息保护的决定》、《中华人民共和国电信条例》和《互联网信息服务管理办法》等法律、行政法规，制定本规定。

第二条 在中华人民共和国境内提供电信服务和互联网信息服务过程中收集、使用用户个人信息的活动，适用本规定。

第三条 工业和信息化部和各省、自治区、直辖市通信管理局（以下统称电信管理机构）依法对电信和互联网用户个人信息保护工作实施监督管理。

第四条 本规定所称用户个人信息，是指电信业务经营者和互联网信息服务提供者在提供服务的过程中收集的用户姓名、出生日期、身份证件号码、住址、电话号码、账号和密码等能够单独或者与其他信息结合识别用户的信息以及用户使用服务的时间、地点等信息。

第五条 电信业务经营者、互联网信息服务提供者在提供服务的过程中收集、使用用户个人信息，应当遵循合法、正当、必要的原则。

第六条　电信业务经营者、互联网信息服务提供者对其在提供服务过程中收集、使用的用户个人信息的安全负责。

第七条　国家鼓励电信和互联网行业开展用户个人信息保护自律工作。

第二章　信息收集和使用规范

第八条　电信业务经营者、互联网信息服务提供者应当制定用户个人信息收集、使用规则，并在其经营或者服务场所、网站等予以公布。

第九条　未经用户同意，电信业务经营者、互联网信息服务提供者不得收集、使用用户个人信息。

电信业务经营者、互联网信息服务提供者收集、使用用户个人信息的，应当明确告知用户收集、使用信息的目的、方式和范围，查询、更正信息的渠道以及拒绝提供信息的后果等事项。

电信业务经营者、互联网信息服务提供者不得收集其提供服务所必需以外的用户个人信息或者将信息用于提供服务之外的目的，不得以欺骗、误导或者强迫等方式或者违反法律、行政法规以及双方的约定收集、使用信息。

电信业务经营者、互联网信息服务提供者在用户终止使用电信服务或者互联网信息服务后，应当停止对用户个人信息的收集和使用，并为用户提供注销号码或者账号的服务。

法律、行政法规对本条第一款至第四款规定的情形另有规定的，从其规定。

第十条　电信业务经营者、互联网信息服务提供者及其工作人员对在提供服务过程中收集、使用的用户个人信息应当严格保密，不得泄露、篡改或者毁损，不得出售或者非法向他人提供。

第十一条　电信业务经营者、互联网信息服务提供者委托他人代理市场销售和技术服务等直接面向用户的服务性工作，涉及收集、使用用户个人信息的，应当对代理人的用户个人信息保护工作进行监督和管理，不得委托不符合本规定有关用户个人信息保护要求的代理人代办相关服务。

第十二条　电信业务经营者、互联网信息服务提供者应当建立用户投诉处理机制，公布有效的联系方式，接受与用户个人信息保护有关的投诉，并自接到投诉之日起十五日内答复投诉人。

民事法律文件解读

第三章　安全保障措施

第十三条　电信业务经营者、互联网信息服务提供者应当采取以下措施防止用户个人信息泄露、毁损、篡改或者丢失：

（一）确定各部门、岗位和分支机构的用户个人信息安全管理责任；

（二）建立用户个人信息收集、使用及其相关活动的工作流程和安全管理制度；

（三）对工作人员及代理人实行权限管理，对批量导出、复制、销毁信息实行审查，并采取防泄密措施；

（四）妥善保管记录用户个人信息的纸介质、光介质、电磁介质等载体，并采取相应的安全储存措施；

（五）对储存用户个人信息的信息系统实行接入审查，并采取防入侵、防病毒等措施；

（六）记录对用户个人信息进行操作的人员、时间、地点、事项等信息；

（七）按照电信管理机构的规定开展通信网络安全防护工作；

（八）电信管理机构规定的其他必要措施。

第十四条　电信业务经营者、互联网信息服务提供者保管的用户个人信息发生或者可能发生泄露、毁损、丢失的，应当立即采取补救措施；造成或者可能造成严重后果的，应当立即向准予其许可或者备案的电信管理机构报告，配合相关部门进行的调查处理。

电信管理机构应当对报告或者发现的可能违反本规定的行为的影响进行评估；影响特别重大的，相关省、自治区、直辖市通信管理局应当向工业和信息化部报告。电信管理机构在依据本规定作出处理决定前，可以要求电信业务经营者和互联网信息服务提供者暂停有关行为，电信业务经营者和互联网信息服务提供者应当执行。

第十五条　电信业务经营者、互联网信息服务提供者应当对其工作人员进行用户个人信息保护相关知识、技能和安全责任培训。

第十六条　电信业务经营者、互联网信息服务提供者应当对用户个人信息保护情况每年至少进行一次自查，记录自查情况，及时消除自查中发现的安全隐患。

第四章　监督检查

第十七条　电信管理机构应当对电信业务经营者、互联网信息服务提供者保护用户个人信息的情况实施监督检查。

电信管理机构实施监督检查时，可以要求电信业务经营者、互联网信息服务提供者提供相关材料，进入其生产经营场所调查情况，电信业务经营者、互联网信息服务提供者应当予以配合。

电信管理机构实施监督检查，应当记录监督检查的情况，不得妨碍电信业务经营者、互联网信息服务提供者正常的经营或者服务活动，不得收取任何费用。

第十八条　电信管理机构及其工作人员对在履行职责中知悉的用户个人信息应当予以保密，不得泄露、篡改或者毁损，不得出售或者非法向他人提供。

第十九条　电信管理机构实施电信业务经营许可及经营许可证年检时，应当对用户个人信息保护情况进行审查。

第二十条　电信管理机构应当将电信业务经营者、互联网信息服务提供者违反本规定的行为记入其社会信用档案并予以公布。

第二十一条　鼓励电信和互联网行业协会依法制定有关用户个人信息保护的自律性管理制度，引导会员加强自律管理，提高用户个人信息保护水平。

第五章　法律责任

第二十二条　电信业务经营者、互联网信息服务提供者违反本规定第八条、第十二条规定的，由电信管理机构依据职权责令限期改正，予以警告，可以并处一万元以下的罚款。

第二十三条　电信业务经营者、互联网信息服务提供者违反本规定第九条至第十一条、第十三条至第十六条、第十七条第二款规定的，由电信管理机构依据职权责令限期改正，予以警告，可以并处一万元以上三万元以下的罚款，向社会公告；构成犯罪的，依法追究刑事责任。

第二十四条　电信管理机构工作人员在对用户个人信息保护工作实施监督管理的过程中玩忽职守、滥用职权、徇私舞弊的，依法给予处理；构成犯罪的，依法追究刑事责任。

第六章 附 则

第二十五条 本规定自 2013 年 9 月 1 日起施行。

解读——
《电信和互联网用户个人信息保护规定》

李国斌*

一、出台的意义

近年来，我国电信和互联网行业快速发展，新技术、新应用层出不穷，对促进经济社会发展起到了积极的作用。与此同时，用户个人信息的泄露风险和保护难度不断增大，加强用户个人信息保护立法成为社会广泛关注的问题。

出台《规定》，可以进一步完善电信和互联网行业个人信息保护制度。目前，部分电信业务经营者、互联网信息服务提供者对用户个人信息安全重视不够，安全防护措施不完善，管理制度不健全，信息安全责任落实不到位，需要进一步完善用户个人信息保护法律制度，规范电信服务、互联网信息服务过程中收集、使用用户个人信息的活动。

出台《规定》，也是贯彻落实全国人大常委会《关于加强网络信息保护的决定》（以下简称《决定》）的需要。贯彻执行好《决定》有关收集、使用个人信息的制度，需要出台相关配套规定。制定《规定》，进一步明确电信业务经营者、互联网信息服务提供者收集、使用用户个人信息的规则和信息安全保障措施等，是落实全国人大常委会《决定》规定的制度和措施，切实保护用户合法权益的要求。

二、制定过程

2012 年 5 月，工业和信息化部

---

* 工业和信息化部政法司巡视员。

启动了《规定》立法研究和起草工作。在起草过程中，我们赴吉林、广东、四川等地进行了调研，多次书面征求了部机关相关司局、各省（区、市）通信管理局、基础电信企业和互联网企业对《规定（征求意见稿）》的意见，组织召开了省级通信管理局、基础电信企业和互联网企业参加的立法座谈会，并通过国务院法制办的"中国政府法制信息网"和我部门户网站向社会公开征求了意见。经征求意见，社会各方面对制定《规定》给予了积极的肯定，没有原则性的不同意见。在充分听取各方面意见并进一步完善有关制度的基础上，形成了《规定（草案）》。

2013 年 6 月 28 日，我部第 2 次部务会议审议通过了《规定》。7 月 16 日，工业和信息化部第 24 号令公布了《规定》。《规定》将于 9 月 1 日生效。

三、《规定》关于用户个人信息保护管理工作的定位

全国人大常委会《决定》对"公民个人电子信息"做了界定，并明确了信息收集、使用的原则和相关规则。

目前，各行业普遍存在收集、使用个人信息的情况，相应的信息保护工作也涉及到众多的部门，我部并不负责管理所有的个人信息。《规定》依据《决定》的有关规定，立足我

部电信和互联网行业管理职责，以"概括加列举"的方式规定了由我部负责监督管理的用户个人信息的范围，即：电信业务经营者、互联网信息服务提供者在提供服务的过程中收集的能够识别用户的信息以及用户使用服务的信息，包括用户姓名、出生日期、身份证件号码、住址、电话号码、账号和密码等能够单独或者与其他信息结合识别用户的信息以及用户使用服务的时间、地点等信息。

四、主要内容

《规定》共六章、二十五条，主要规定了如下内容：

（一）电信和互联网用户个人信息的保护范围

《规定》依据全国人大常委会《决定》的有关规定，明确要求保护"电信业务经营者和互联网信息服务提供者在提供服务的过程中收集的用户姓名、出生日期、身份证件号码、住址、电话号码、账号和密码等能够单独或者与其他信息结合识别用户的信息以及用户使用服务的时间、地点等信息"。

（二）用户个人信息收集和使用原则

《规定》根据全国人大常委会《决定》的规定，要求电信业务经营者、互联网信息服务提供者收集、使用用户个人信息应当遵循合法、正

当、必要的原则，并对用户个人信息的安全负责。

（三）用户个人信息收集和使用规则

《规定》要求电信业务经营者、互联网信息服务提供者遵守下列信息收集和使用规则：制定并公布其信息收集和使用的规则；未经用户同意不得收集、使用用户个人信息；明确告知用户其收集、使用信息的目的、方式和范围等事项；不得收集提供服务所必需以外的用户个人信息；在用户终止使用服务后应当停止对用户个人信息的收集和使用，并提供注销号码或账号的服务；不得泄露、篡改、毁损、出售或者非法向他人提供用户个人信息等。

（四）代理商管理

《规定》按照"谁经营、谁负责"、"谁委托、谁负责"的原则，根据民法上的委托代理制度，明确规定由电信业务经营者、互联网信息服务提供者负责对其代理商的个人信息保护工作实施管理。《规定》要求：电信业务经营者、互联网信息服务提供者委托他人代理市场销售和技术服务等直接面向用户的服务性工作，涉及收集、使用用户个人信息的，应当对代理人的用户个人信息保护工作进行监督和管理，不得委托不符合《规定》有关用户个人信息保护要求

的代理人代办相关服务。

（五）安全保障制度

《规定》从岗位责任、管理制度、权限管理、存储介质、信息系统、操作记录、安全防护等方面，明确了电信业务经营者、互联网信息服务提供者应当采取的防止用户个人信息泄露、毁损、篡改或者丢失的措施。与此同时，《规定》对用户个人信息保护情况自查和培训等制度作了相应的规定。

（六）监督检查制度

《规定》要求电信管理机构对用户个人信息保护情况实施监督检查，电信业务经营者、互联网信息服务提供者应当予以配合。《规定》还明确规定电信管理机构在电信业务经营许可和年检中应当审查用户个人信息保护的情况，将电信业务经营者、互联网信息服务提供者违反《规定》的行为记入其社会信用档案。

六、《规定》在制度设计方面如何解决处罚力度过低的问题

在征求意见过程中，确实有意见认为《规定》设定的罚款数额过低，处罚力度过小，不利于惩处和预防侵害用户个人信息的违法行为，建议加大处罚力度。根据《行政处罚法》和国务院的有关规定，部门规章只能设定警告和最高额为三万元的罚款。《规定》遵循了上述规定，对相关违

法行为设定了警告和三万元以下的罚款处罚。与此同时，为有效预防和打击相关违法行为，我们还积极创新管理方式，在法律规定的幅度内设定相关处罚的同时，设立了制止违法行为危害扩大的"叫停"制度、"向社会公告"行政处罚的制度和将违法行为"记入社会信用档案"的制度。我们认为，综合运用上述管理制度和处罚措施，能够有效地遏制侵害用户个人信息的违法行为。

工业和信息化部

电话用户真实身份信息登记规定

（2013 年 6 月 28 日工业和信息化部第 2 次部务会议审议通过

2013 年 7 月 16 日工业和信息化部令第 25 号公布

自 2013 年 9 月 1 日起施行）

第一条 为了规范电话用户真实身份信息登记活动，保障电话用户和电信业务经营者的合法权益，维护网络信息安全，促进电信业的健康发展，根据《全国人民代表大会常务委员会关于加强网络信息保护的决定》和《中华人民共和国电信条例》，制定本规定。

第二条 中华人民共和国境内的电话用户真实身份信息登记活动，适用本规定。

第三条 本规定所称电话用户真实身份信息登记，是指电信业务经营者为用户办理固定电话、移动电话（含无线上网卡，下同）等入网手续，在与用户签订协议或者确认提供服务时，如实登记用户提供的真实身份信息的活动。

本规定所称入网，是指用户办理固定电话装机、移机、过户，移动电话开户、过户等。

第四条 工业和信息化部和各省、自治区、直辖市通信管理局（以下统称电信管理机构）依法对电话用户真实身份信息登记工作实施监督管理。

第五条 电信业务经营者应当依法登记和保护电话用户办理入网手续时提供的真实身份信息。

第六条 电信业务经营者为用户办理入网手续时，应当要求用户出示有效证件、提供真实身份信息，用户应当予以配合。

用户委托他人办理入网手续的，电信业务经营者应当要求受托人出示用户和受托人的有效证件，并提供用户和受托人的真实身份信息。

第七条 个人办理电话用户真实身份信息登记的，可以出示下列有效证件之一：

（一）居民身份证、临时居民身份证或者户口簿；

（二）中国人民解放军军人身份证件、中国人民武装警察身份证件；

（三）港澳居民来往内地通行证、台湾居民来往大陆通行证或者其他有效旅行证件；

（四）外国公民护照；

（五）法律、行政法规和国家规定的其他有效身份证件。

第八条 单位办理电话用户真实身份信息登记的，可以出示下列有效证件之一：

（一）组织机构代码证；

（二）营业执照；

（三）事业单位法人证书或者社会团体法人登记证书；

（四）法律、行政法规和国家规定的其他有效证件或者证明文件。

单位办理登记的，除出示以上证件之一外，还应当出示经办人的有效证件和单位的授权书。

第九条 电信业务经营者应当对用户出示的证件进行查验，并如实登记证件类别以及证件上所记载的姓名（名称）、号码、住址信息；对于用户委托他人办理入网手续的，应当同时查验受托人的证件并登记受托人的上述信息。

为了方便用户提供身份信息、办理入网手续，保护用户的合法权益，电信业务经营者复印用户身份证件的，应当在复印件上注明电信业务经营者名称、复印目的和日期。

第十条 用户拒绝出示有效证件，拒绝提供其证件上所记载的身份信息，冒用他人的证件，或者使用伪造、变造的证件的，电信业务经营者不得为其办理入网手续。

第十一条 电信业务经营者在向电话用户提供服务期间及终止向其提供服务后两年内，应当留存用户办理入网手续时提供的身份信息和相关材料。

第十二条 电信业务经营者应当建立健全用户真实身份信息保密管理制度。

电信业务经营者及其工作人员对在提供服务过程中登记的用户真实身份信息应当严格保密，不得泄露、篡改或者毁损，不得出售或者非法向他人提供，不得用于提供服务之外的目的。

第十三条 电话用户真实身份信息发生或者可能发生泄露、毁损、丢失的，电信业务经营者应当立即采取补救措施；造成或者可能造成严重后果的，应当立即向相关电信管理机构报告，配合相关部门进行的调查处理。

电信管理机构应当对报告或者发现的可能违反电话用户真实身份信息保护规定的行为的影响进行评估；影响特别重大的，相关省、自治区、直辖市通信管理局应当向工业和信息化部报告。电信管理机构在依据本规定作出处理决定前，可以要求电信业务经营者暂停有关行为，电信业务经营者应当执行。

第十四条 电信业务经营者委托他人代理电话入网手续、登记电话用户真实身份信息的，应当对代理人的用户真实身份信息登记和保护工作进行监督和管理，不得委托不符合本规定有关用户真实身份信息登记和保护要求的代理人代办相关手续。

第十五条 电信业务经营者应当对其电话用户真实身份信息登记和保护情况每年至少进行一次自查，并对其工作人员进行电话用户真实身份信息登记和保护相关知识、技能和安全责任培训。

第十六条 电信管理机构应当对电信业务经营者的电话用户真实身份信息登记和保护情况实施监督检查。电信管理机构实施监督检查时，可以要求电信业务经营者提供相关材料，进入其生产经营场所调查情况，电信业务经营者应当予以配合。

电信管理机构实施监督检查，应当记录监督检查的情况，不得妨碍电信业务经营者正常的经营或者服务活动，不得收取任何费用。

电信管理机构及其工作人员对在实施监督检查过程中知悉的电话用户真实身份信息应当予以保密，不得泄露、篡改或者毁损，不得出售或者非法向他人提供。

第十七条 电信业务经营者违反本规定第六条、第九条至第十五条的规定，或者不配合电信管理机构依照本规定开展的监督检查的，由电信管理机构依据职权责令限期改正，予以警告，可以并处一万元以上三万元以下罚款，向社会公告。其中，《中华人民共和国电信条例》规定法律责任的，依照其规定处理；构成犯罪的，依法追究刑事责任。

第十八条 用户以冒用、伪造、变造的证件办理入网手续的，电信业务经营者不得为其提供服务，并由相关部门依照《中华人民共和国居民身份证法》、《中华人民共和国治安管理处罚法》、《现役军人和人民武装警察居民身份证申领发放办法》等规定处理。

第十九条 电信管理机构工作人员在对电话用户真实身份信息登记工作实施监督管理的过程中玩忽职守、滥用职权、徇私舞弊的，依法给予处理；构成犯罪的，依法追究刑事责任。

第二十条 电信业务经营者应当通过电话、短信息、书面函件或者公告等形式告知用户并采取便利措施，为本规定施行前尚未提供真实身份信息或者所提供身份信息不全的电话用户补办登记手续。

电信业务经营者为电话用户补办登记手续，不得擅自加重用户责任。

电信业务经营者应当在向尚未提供真实身份信息的用户确认提供服务时，要求用户提供真实身份信息。

第二十一条 本规定自2013年9月1日起施行。

解读——

《电话用户真实身份信息登记规定》

李国斌*

一、出台的背景和意义

近年来，我国电信业持续快速发展，截至2012年底，全国电话用户达到13.9亿户。与此同时，利用未

* 工业和信息化部政法司巡视员。

登记真实身份信息的电话传播淫秽电子信息、发送垃圾短信息、散布有害信息、实施诈骗等问题突出，影响了用户的合法权益，扰乱了社会秩序，甚至威胁国家安全。2012 年 12 月，全国人大常委会出台了《关于加强网络信息保护的决定》（以下简称《决定》），从法律上明确了电话用户真实身份信息登记制度。通过制定《规定》，明确用户真实身份信息登记的范围、程序、要求和信息保护等制度，有利于保护广大用户的合法权益，提升电信服务水平，遏制网络信息违法行为。

二、制定过程

根据贯彻全国人大常委会《决定》、规范电话用户真实身份信息登记活动的需要，工业和信息化部组织开展了《规定》立法工作。

在组织开展立法研究、赴有关省市调研、听取有关电信企业和部机关相关司局等意见的基础上，今年 1 月下旬，研究形成了《规定》草稿。2 月上旬，书面征求了各省（区、市）通信管理局、基础电信业务经营者对《规定》的意见。2 月下旬，组织部分通信管理局对《规定》的有关制度进行了研究。4 月，通过国务院法制办的"中国政府法制信息网"和我部门户网站向社会公开征求了对《规定》的意见。经征求意见，社会

各方面的意见主要集中在加大登记信息的保护力度、加大对违反《规定》行为的处罚力度方面。对于制定《规定》和《规定》的主要内容，各方面没有原则性不同意见。此后，对各方面意见进行了梳理、研究和分析，并对《规定》有关制度进行了进一步完善。在上述工作的基础上，形成了《规定（草案）》。

6 月 28 日，工业和信息化部第 2 次部务会议审议通过了《规定》，并于 7 月 16 日予以公布。《规定》将自 9 月 1 日起施行。

三、主要内容

《规定》共二十一条，主要规定了如下内容：

（一）电话用户真实身份信息登记的含义

《规定》依据全国人大常委会《决定》的规定，将电话用户真实身份信息登记界定为：电信业务经营者为用户办理固定电话、移动电话（含无线上网卡）等入网手续，在与用户签订协议或者确认提供服务时，如实登记用户提供的真实身份信息的活动。

（二）监督管理职责

《规定》结合《中华人民共和国电信条例》的规定，明确由工业和信息化部和各省（区、市）通信管理局对电话用户真实身份信息登记工作实施监督管理。同时，《规定》明

民事法律文件解读

确要求电信管理机构对电信业务经营者的用户真实身份信息登记和保护情况实施监督检查，电信业务经营者应当予以配合。

（三）用户真实身份信息登记制度

《规定》从登记主体、登记义务、登记范围、证件类别、证件查验、信息留存、自查和培训等方面，规定了下列真实身份信息登记制度：电信业务经营者为用户办理入网手续时，应当要求用户出示有效证件、提供真实身份信息，用户应当予以配合；电信业务经营者应当对用户出示的证件进行查验，并如实登记证件类别以及证件上所记载的姓名（名称）、号码、住址信息；有关身份信息和材料在向用户提供服务期间及终止提供服务后两年内应当留存；用户拒绝提供身份信息的，电信业务经营者不得为其办理入网手续；电信业务经营者应当对其信息登记和保护情况每年至少进行一次自查，对其工作人员进行培训。此外，《规定》借鉴个人存款账户实名制等规定，对个人和单位的有效证件类别分别作了相应规定。

（四）用户真实身份信息保护制度

《规定》坚持用户真实身份信息登记和保护并重，明确要求电信业务经营者应当保护用户提供的真实身份信息，对用户真实身份信息应当严格保密；用户真实身份信息发生泄露、毁损、丢失时，应当立即采取补救措施。

（五）代理商的管理制度

《规定》按照"谁经营、谁负责"、"谁委托、谁负责"的原则，根据民法上的委托代理制度，明确规定由电信业务经营者负责对其代理商的信息登记工作实施管理。《规定》中规定：电信业务经营者应当对代理人的用户真实身份信息登记和保护工作进行监督和管理，不得委托不符合本规定有关用户真实身份信息登记和保护要求的代理人代办相关手续。

（六）报告制度

为了保证电信管理机构及时发现和处理严重侵害用户真实身份信息的行为，保护用户的合法权益，《规定》中规定：电话用户真实身份信息发生泄露、毁损、丢失，可能造成严重后果的，电信业务经营者应当立即向相关电信管理机构报告；电信管理机构在作出处理决定前，可以要求电信业务经营者暂停有关行为，电信业务经营者应当执行。

同时，《规定》依据《行政处罚法》、《中华人民共和国电信条例》等规定，分别对电信业务经营者、用户和电信管理机构工作人员的违法行为设定了相应的法律责任。

四、《规定》在用户身份信息保护方面采取的措施

保护用户提供的真实身份信息的安全性是我们首先关注的问题，工信部一直非常重视用户身份信息的保护问题。为此，《规定》要求电信业务经营者加强对用户提供的真实身份信息的保护，要求电信业务经营者对用户真实身份信息应当严格保密，在用户真实身份信息发生泄露、毁损、丢失时要立即采取补救措施等，并规定了相应的法律责任。为加大对用户真实身份信息的保护力度，我们在通过《规定》建立相关保护制度的同时，还专门制定了《电信和互联网用户个人信息保护规定》（中华人民共和国工业和信息化部令第24号），上述规定就电信和互联网用户个人信息的保护问题做了专门规定。其中的有关规定也适用于电话用户真实身份信息的保护。

五、《规定》的实施是否会影响到正常使用电话服务

根据《规定》，用户在办理电话入网手续时，只需要向电信业务经营者出示有效证件、提供真实身份信息，配合电信业务经营者做好信息登记工作。电信业务经营者应当通过电话、短信息或者公告等形式告知用户并采取便利措施，为《规定》施行前尚未提供真实身份信息或者信息不全的电话用户补办登记手续。同时，电信业务经营者为用户补办登记手续，也不得擅自加重用户的责任。用户真实身份信息登记并不影响用户正常使用电话服务，希望广大用户理解并配合电信业务经营者做好这项工作。

六、应如何贯彻落实《规定》的各项制度

《规定》是根据全国人大常委会《决定》和《中华人民共和国电信条例》制定的一部规章。根据《中华人民共和国立法法》的规定，《规定》的各项制度具有法律的强制力，各有关主体应当严格遵守《规定》的各项制度。电话用户真实身份信息登记工作涉及基础电信企业、电话用户和电信管理机构。基础电信企业应当落实全国人大常委会《决定》的规定，按照《规定》确定的登记程序和要求开展电话用户真实身份信息登记工作。在开展登记工作中，基础电信企业既要严格遵守法律规定，又要积极采取措施，方便用户进行真实身份信息登记。电话用户作为电信服务的使用者，应当充分理解和积极配合这项工作。电信管理机构作为电信行业管理部门，应当依法履行监管职责，加强对用户真实身份信息登记工作的指导和对用户真实身份信息保护的监督检查，推动用户真实身份信息登记工作的顺利进行。

[地方性法规、地方政府规章与解读]

山东省劳动合同条例

(2001 年 10 月 28 日山东省第九届人民代表大会常务委员会
第二十三次会议通过 2013 年 8 月 1 日山东省第十二届人民代表
大会常务委员会第三次会议修订 自 2013 年 10 月 1 日起施行)

第一章 总 则

第一条 为了完善劳动合同制度，明确劳动合同当事人的权利和义务，保
护劳动者的合法权益，构建和发展和谐稳定的劳动关系，根据《中华人民共
和国劳动合同法》、《中华人民共和国劳动合同法实施条例》等法律、行政法
规，结合本省实际，制定本条例。

第二条 本省行政区域内的企业、个体经济组织、民办非企业单位等组织
（以下统称用人单位）与劳动者建立劳动关系，订立、履行、变更、解除或者
终止劳动合同，适用本条例。

依法成立的会计师事务所、律师事务所等组织和基金会，属于前款所称的
用人单位。

国家机关、事业单位、社会团体和与其建立劳动关系的劳动者，订立、履
行、变更、解除或者终止劳动合同，依照本条例执行。

第三条 订立劳动合同，应当遵循合法、公平、平等自愿、协商一致、诚
实信用的原则。

第四条 县级以上人民政府应当加强对和谐劳动关系建设和劳动合同法

律、法规宣传教育工作的领导，研究制定规范劳动关系的政策措施，按照各自权限及时调整、发布最低工资标准和企业工资指导线。

第五条 县级以上人民政府劳动行政部门负责本行政区域劳动合同制度的实施与监督。

县级以上人民政府住房城乡建设、卫生、安全生产等有关部门在各自的职责范围内，做好劳动合同制度实施工作。

乡镇人民政府、街道办事处应当建立和完善人力资源社会保障基层公共服务平台，做好本辖区劳动合同制度实施的有关工作。

第六条 用人单位应当依法建立和完善劳动规章制度，规范劳动用工，保障劳动者享有劳动权利、履行劳动义务。

第七条 工会应当帮助、指导劳动者与用人单位依法订立和履行劳动合同，并与用人单位建立集体协商机制，对用人单位制定、实施劳动规章制度和履行劳动合同的情况进行监督，维护劳动者的合法权益。

第二章　劳动合同的订立

第八条 用人单位招用劳动者时，应当如实告知劳动者工作内容、工作条件、工作地点、安全生产状况、职业危害、劳动报酬、社会保险以及直接涉及劳动者切身利益的其他事项。

第九条 用人单位招用劳动者，不得扣押劳动者的居民身份证、居住证和其他证件，不得要求劳动者提供担保或者向劳动者收取押金和其他财物。

第十条 用人单位有权了解劳动者与劳动合同直接相关的健康状况、工作经历、知识技能等基本情况，核对劳动者的居民身份证、居住证等相关证件，劳动者应当如实说明或者提供。

劳动者与原用人单位有竞业限制约定的，应当向用人单位如实说明。

第十一条 用人单位应当对劳动者的个人信息予以保密，除依法应当公开的内容外，未经劳动者同意，不得公开或者利用其个人信息。

第十二条 用人单位自用工之日起即与劳动者建立劳动关系。用人单位安排劳动者接受上岗前培训、学习的，劳动关系自劳动者参加之日起建立。

建立劳动关系应当订立书面劳动合同；已建立劳动关系，未同时订立书面劳动合同的，应当自用工之日起一个月内订立书面劳动合同。

第十三条 用人单位与劳动者协商一致，可以订立固定期限劳动合同、无固定期限劳动合同或者以完成一定工作任务为期限的劳动合同。

第十四条 劳动合同应当具备法律、法规规定的必备条款。

订立劳动合同时，用人单位与劳动者可以约定试用期、培训、保守秘密、补充保险、竞业限制、福利待遇等事项。

第十五条 用人单位与劳动者在解除或者终止固定期限劳动合同之日起三个月内，再次与劳动者订立固定期限劳动合同的，视为连续订立二次固定期限劳动合同。

第十六条 用人单位与劳动者协商一致，可以续订劳动合同；劳动合同期满，用人单位与劳动者协商一致延长劳动合同期限的，视为用人单位与劳动者续订劳动合同。

第十七条 劳动合同期满，用人单位未与劳动者续订劳动合同，但是劳动者在用人单位安排下继续提供劳动的，用人单位应当自劳动合同期满之日起一个月内与劳动者续订劳动合同；超过一年不与劳动者续订劳动合同的，视为与劳动者已经订立无固定期限劳动合同。

第十八条 劳动合同经用人单位与劳动者签字或者盖章生效。劳动合同文本由用人单位和劳动者各执一份，用人单位不得替劳动者保管。

第十九条 用人单位应当按照国家有关规定将劳动用工信息报县级以上人民政府劳动行政部门备案。

第三章 劳动合同的履行与变更

第二十条 用人单位与劳动者应当按照劳动合同的约定，全面履行各自的义务；劳动合同部分无效，不影响其他部分效力的，其他部分应当继续履行。

第二十一条 劳动合同履行期间，用人单位变更名称、法定代表人或者主要负责人、投资人等事项，以及劳动者变更姓名的，可以变更劳动合同相应条款，但是不影响劳动合同的履行。

第二十二条 用人单位应当按照有关规定，组织新上岗劳动者参加安全生产、职业病危害防治、职业技能和劳动保障法律、法规等培训。

第二十三条 用人单位应当按照劳动合同的约定，按时足额以货币形式向劳动者支付工资。用人单位向提供正常劳动的劳动者支付的工资，不得低于劳动合同履行地最低工资标准。

第二十四条 企业应当根据本单位经济效益情况，参照当地政府发布的工资指导线、人力资源市场工资指导价位和本地区、行业的职工平均工资水平等因素，制定工资调整实施方案，并按照有关规定报县级以上人民政府劳动行政部门备案。

第二十五条 用人单位与劳动者协商一致，可以变更劳动合同。

变更劳动合同，应当以书面形式载明变更的内容、日期，由用人单位和劳动者双方签字或者盖章。

变更后的劳动合同文本由用人单位和劳动者各执一份。

第二十六条 有下列情形之一的，劳动合同可以中止：

（一）用人单位与劳动者以书面形式协商一致的；

（二）劳动者因涉嫌违法犯罪被限制人身自由的；

（三）因不可抗力致使劳动合同暂时不能履行的；

（四）法律、法规规定的其他情形。

劳动合同中止期间，劳动关系保留，劳动合同暂停履行，用人单位可以不支付劳动报酬并停止缴纳社会保险费。劳动合同中止期间不计算为劳动者在用人单位的工作年限。

劳动合同中止履行的情形消失，除已经无法履行的外，应当恢复履行。

第四章 劳动合同的解除和终止

第二十七条 解除和终止劳动合同应当符合法定的条件和程序。

第二十八条 解除或者终止劳动合同，符合法定情形的，用人单位应当向劳动者支付经济补偿。

劳动者有下列情形之一，用人单位解除或者终止劳动合同的，可以不支付经济补偿：

（一）在试用期间被证明不符合录用条件的；

（二）严重违反用人单位规章制度的；

（三）严重失职，营私舞弊，给用人单位造成重大损害的；

（四）被依法追究刑事责任的；

（五）同时与其他用人单位建立劳动关系，对完成本单位的工作任务造成严重影响，或者经用人单位提出，拒不改正的；

（六）以欺诈、胁迫的手段或者乘人之危，使用人单位在违背真实意思的情况下订立或者变更劳动合同致使劳动合同无效的；

（七）自用工之日起三十日内经用人单位书面通知后，仍然不与用人单位订立劳动合同而终止劳动关系的；

（八）提出解除劳动合同并与用人单位协商一致解除劳动合同的；

（九）提前三十日以书面形式通知用人单位解除劳动合同，或者在试用期内提前三日通知用人单位解除劳动合同的；

（十）固定期限劳动合同期满终止，用人单位维持或者提高劳动合同约定条件续订劳动合同，劳动者不同意续订的；

（十一）法律、法规规定的其他情形。

第二十九条 劳动者患病或者非因工负伤，在规定的医疗期满后，用人单位应当根据劳动者的身体状况安排适当的工作；因劳动者不能从事原工作、也不能从事由用人单位另行安排的工作的，用人单位可以依法解除劳动合同，并向劳动者支付经济补偿和医疗补助费。

第三十条 用人单位应当自出具解除或者终止劳动合同证明之日起十五日内为劳动者办理档案和社会保险转移手续，并结清劳动者的劳动报酬和其他费用。

劳动合同解除或者终止后，劳动者应当按照双方约定的时间、地点办理工作交接，归还用人单位的生产工具、技术资料等财物；用人单位依法向劳动者支付经济补偿的，应当在办理工作交接时支付。

第五章　特别规定

第一节　集体合同

第三十一条 企业应当与职工一方建立集体协商制度，实行民主管理。集体协商主要采用协商会议的形式。

企业与职工一方通过平等协商，可以就劳动报酬、工作时间、休息休假、劳动安全卫生、保险福利、职工培训、劳动纪律、劳动定额管理以及女职工、残疾职工和未成年工特殊保护等事项订立集体合同，也可以订立专项集体合同。订立工资专项集体合同的，应当明确工资分配制度、工资分配形式、工资收入水平等事项。

在县级以下区域内，建筑业、采矿业、餐饮服务业等行业可以由工会与企业方面代表订立区域性集体合同，或者订立行业性集体合同。

第三十二条 集体合同由工会代表职工一方与企业订立；尚未建立工会的企业，由上级工会指导劳动者推举的代表与企业订立。

第三十三条 集体合同对企业及其劳动者具有约束力。

企业与劳动者订立的劳动合同约定的劳动条件、劳动报酬等标准不得低于集体合同的规定。

企业制定的劳动规章制度不得与集体合同相抵触。

第三十四条 集体协商代表应当依照法定程序产生，代表本方利益进行集体协商。

集体协商双方的代表人数应当对等，各方至少三人，并各确定一名首席代表。

第三十五条 集体协商代表应当真实反映本方意愿，维护本方合法权益，接受本方人员咨询和监督。

集体协商双方均有义务向对方提供与集体合同内容有关的情况和资料；涉及国家秘密或者企业商业秘密的，双方代表均负有保密义务。

第三十六条 企业应当保障集体协商代表履行职责所必需的工作时间和工作条件。集体协商代表参加集体协商视为提供正常劳动。

第三十七条 企业不得因职工一方集体协商代表履行其职责而调整其工作岗位、免除其职务、降低其职级或者工资福利待遇、解除其劳动合同。

集体协商代表履行职责期间劳动合同期满的，劳动合同期限自动延长至完成履行协商代表职责之时；集体协商代表不同意自动延长劳动合同期限的，劳动合同终止。

第三十八条 集体协商一方有权向对方提出进行集体协商的要求，另一方应当在十日内以书面形式回应，无正当理由不得拒绝进行集体协商。

第三十九条 集体协商会议由双方首席代表轮流主持，并按照规定程序进行。经协商达成一致的，形成集体合同草案，由双方首席代表签字。

经协商未达成一致意见或者出现意外情形时，可以中止协商。再次协商的时间、地点、内容由双方商定。

第四十条 职工代表大会或者职工大会讨论集体合同草案，应当有三分之二以上职工代表或者职工出席，且须经全体职工代表半数以上或者全体职工半数以上同意，集体合同草案方获通过。

集体合同草案经职工代表大会或者职工大会通过后，由集体协商双方首席代表签字，订立集体合同；未获通过的，双方代表应当重新协商修改。

区域性、行业性集体合同草案，应当以适当的方式征求有关企业和职工的意见。

第四十一条 企业应当自集体合同订立之日起十日内将集体合同文本报县级以上人民政府劳动行政部门审查。

县级以上人民政府劳动行政部门自收到集体合同文本之日起十五日内，对集体合同双方主体及其代表资格、协商程序和合同内容等进行审查，并将审查意见送达双方协商代表。经审查认为集体合同违法提出异议的，双方协商代表应当对提出异议的有关事项进行集体协商，重新订立集体合同，并按照前款规定的程序重新报送审查。

县级以上人民政府劳动行政部门自收到集体合同文本之日起十五日内未提出异议的，集体合同即行生效。

第四十二条 集体合同期限一般为一至三年。

集体合同期满前三个月内，任何一方均可向对方提出重新订立的要求。

第四十三条 集体协商双方代表经协商一致，可以变更或者解除集体合同。集体合同的变更或者解除，按照规定的程序，由职工代表大会或者职工大会讨论通过。

变更后的集体合同应当报县级以上人民政府劳动行政部门审查。

第四十四条 集体协商代表应当自集体合同生效之日起七日内，将生效的集体合同以适当的形式向本方全体成员公布。

工会或者职工一方应当将生效的集体合同报上一级工会备案。

第四十五条 集体合同双方应当全面履行集体合同，有权对对方履行情况进行监督。

双方首席代表应当定期向职工代表大会或者职工大会报告集体合同的履行情况，接受监督。

第四十六条 县级以上人民政府劳动行政部门应当会同工会和企业方面代表，建立健全协调劳动关系三方机制，共同协调处理集体合同争议。

因订立集体合同发生争议，双方应当协商解决。协商解决不成的，可以通过协调劳动关系三方机制协调处理。

第四十七条 因履行集体合同发生争议，当事人协商解决不成的，可以依法申请仲裁、提起诉讼。

第二节 劳务派遣

第四十八条 劳务派遣用工是劳动合同用工的补充形式，只能在临时性、辅助性或者替代性的工作岗位上实施。

前款规定的临时性工作岗位是指存续时间不超过六个月的岗位；辅助性工作岗位是指为主营业务岗位提供服务的非主营业务岗位；替代性工作岗位是指用工单位的劳动者因脱产学习、休假等原因无法工作，一年之内可以由其他劳动者替代工作的岗位。

用工单位应当严格控制劳务派遣用工数量，不得超过国家规定的比例。

第四十九条 经营劳务派遣业务应当具备法律、行政法规规定的条件，经县级以上人民政府劳动行政部门许可，依法办理相应的公司登记。

第五十条 用工单位应当保障被派遣劳动者与本单位职工享有同工同酬的权利，实行相同的劳动报酬分配办法。

第五十一条 劳务派遣单位应当与用工单位订立劳务派遣协议。

劳务派遣协议应当具备下列内容：

（一）劳务派遣单位和用工单位的名称、住所、法定代表人或者主要负责人；

（二）派遣期限、岗位和人员数量；

（三）劳动报酬、社会保险费、劳务派遣服务费以及支付方式；

（四）劳动安全卫生、职业病危害防治；

（五）劳务派遣单位和用工单位应当履行的义务；

（六）违约责任。

第五十二条 用工单位应当自劳务派遣协议订立之日起三十日内，将劳务派遣协议文本以及使用被派遣劳动者岗位情况报县级以上人民政府劳动行政部门备案。

第五十三条 因劳务派遣单位关闭、破产或者其他原因致使被派遣劳动者劳动合同终止或者解除，用工单位继续使用该被派遣劳动者的，应当与该劳动

民事法律文件解读

者订立劳动合同。

第六章　法律责任

第五十四条　对违反本条例的行为，有关法律、法规规定了法律责任的，依照其规定执行。

第五十五条　用人单位未经劳动者同意公开或者利用其个人信息的，由县级以上人民政府劳动行政部门责令改正；给劳动者造成损害的，依法承担赔偿责任。

第五十六条　用人单位违反本条例规定不将生效后的劳动合同文本交付劳动者本人的，由县级以上人民政府劳动行政部门责令改正；给劳动者造成损害的，依法承担赔偿责任。

第五十七条　劳动合同期满，劳动者在用人单位安排下继续提供劳动，用人单位自劳动合同期满之日起超过一个月未满一年未与劳动者续订劳动合同的，应当向劳动者每月支付二倍的工资。

第五十八条　违反本条例规定，用人单位有下列情形之一的，由县级以上人民政府劳动行政部门责令改正；逾期未改正的，将其违法行为记入信用档案，向社会公布，并由县级以上人民政府有关部门和单位取消其单位、法定代表人或者主要负责人评优评先资格；给劳动者造成损害的，依法承担赔偿责任：

（一）未建立集体协商制度实行民主管理的；

（二）拒绝就订立集体合同与职工一方进行集体协商或者故意拖延订立集体合同的；

（三）不提供或者不如实向职工一方集体协商代表提供订立集体合同有关情况和资料的；

（四）打击报复职工一方集体协商代表，违法解除职工一方集体协商代表劳动合同的；

（五）劳动规章制度规定的劳动条件、劳动报酬等低于集体合同规定的；

（六）与劳动者订立的劳动合同约定的劳动条件和劳动报酬等低于集体合同规定的；

（七）未将集体合同文本、劳动用工信息、工资调整实施方案报劳动行政部门审查或者备案的。

  第五十九条 县级以上人民政府劳动行政部门和其他有关部门及其工作人员玩忽职守、不履行法定职责，或者违法行使职权，给劳动者或者用人单位造成损害的，应当承担赔偿责任；对直接负责的主管人员和其他直接责任人员，依法给予处分；构成犯罪的，依法追究刑事责任。

第七章 附 则

  第六十条 事业单位与实行聘用制的工作人员订立、履行、变更、解除或者终止劳动合同，法律、行政法规或者国务院另有规定的，依照其规定；未作规定的，依照本条例有关规定执行。

  第六十一条 用人单位招用已享受基本养老保险待遇人员或者达到法定退休年龄人员，以及年满十六周岁的在校学生的，应当与被招用人员订立书面劳务协议，明确双方的权利义务。

  第六十二条 本条例自 2013 年 10 月 1 日起施行。1999 年 12 月 16 日山东省第九届人民代表大会常务委员会第十二次会议通过的《山东省企业集体合同条例》同时废止。

山东省专利条例

(2013 年 8 月 1 日山东省第十二届人民代表大会常务委员会
第三次会议通过 自 2013 年 9 月 1 日起施行)

第一章 总 则

  第一条 为了鼓励发明创造，促进专利运用，加强专利保护和管理，增强自主创新能力，推动经济社会发展，根据《中华人民共和国专利法》和其他有关法律、行政法规，结合本省实际，制定本条例。

    第二条　本条例适用于本省行政区域内专利促进、保护、管理、服务以及相关活动。

    第三条　专利工作遵循激励创造、有效运用、依法保护、科学管理、完善服务的原则。

    第四条　县级以上人民政府应当加强对专利工作的领导，将专利工作纳入国民经济和社会发展规划，健全专利工作体系，支持专利运用和产业化，促进专利事业发展。

    第五条　县级以上人民政府专利行政部门负责本行政区域内的专利工作；发展改革、财政、人力资源社会保障等部门按照各自职责，做好相关工作。

    第六条　县级以上人民政府及其专利行政等有关部门应当加强专利宣传教育，普及专利知识，增强公众的专利意识。

    第七条　县级以上人民政府对具有重大经济、社会和生态效益的优秀专利项目，以及对发明创造和专利运用做出突出贡献的单位和个人，按照有关规定给予表彰、奖励。

省人民政府设立山东优秀发明家奖。

第二章　专利促进

    第八条　县级以上人民政府及其有关部门应当建立健全发明创造的激励和保障机制，支持发明创造形成专利；重点扶持符合国家和省产业政策、自主研发和具有较高技术水平的专利技术产业化项目，促进专利运用。

    第九条　县级以上人民政府应当设立专项资金，按照规定的使用范围，用于促进专利运用、专利资助奖励、专利人才培养、专利行政保护等相关工作。专项资金应当专款专用，并根据财政状况逐步增加。

    第十条　县级以上人民政府有关部门进行专业技术职务评审时，应当将专利发明人、设计人的相关专利作为综合评价的重要内容。

对推动技术进步产生重大作用或者取得显著经济效益的发明专利的主要发明人，获得山东优秀发明家奖的个人，可以优先推荐申报相关专业技术职务资格。获得中国专利金奖、优秀奖的主要发明人，符合破格申报条件的，可以破格申报相关专业技术职务资格。

第十一条 被授予专利权的单位应当依法支付发明人或者设计人奖金和报酬。报酬可以采取现金、股份、股权收益形式或者当事人约定的其他形式支付。

第十二条 以政府财政资金安排和设立的创业风险投资资金的管理机构，应当加大对专利技术产业化项目的投资力度。

第十三条 鼓励和支持银行等金融机构开展专利权质押贷款；对具有发展潜力、良好市场前景的专利技术实施项目，优先给予信贷支持。

鼓励信用担保机构为实施专利技术提供以融资担保为主的信用担保。

支持担保机构开展中小企业专利质押融资担保业务。

第十四条 鼓励企业事业单位和个人采取专利权入股、质押、转让、许可等方式实施专利，股东依法以专利权等非货币出资所占注册资本比例可以达到百分之七十。

企业在专利实施以及产业化过程中形成的新产品，享受有关扶持新产品开发的税收优惠。

单位和个人从事专利技术转让、开发和与之相关的专利技术咨询、服务等业务，依法享受税收优惠。

第十五条 鼓励和支持企业事业单位参与国际标准、国家标准、行业标准或者地方标准的制定，促进专利运用与标准制定相结合。

第十六条 鼓励和支持高等学校、科研机构和企业采取多种形式开展发明创造，实现专利技术的产业化。

专利行政等有关部门应当建立专利技术转移机制，鼓励和指导高等学校、科研机构与企业之间加强专利技术的转移。

第三章　专利保护

第十七条 省、设区的市人民政府专利行政部门负责处理本行政区域内的专利纠纷。

县级以上人民政府专利行政部门负责查处本行政区域内的假冒专利行为。

县级以上人民政府专利行政部门应当加强专利行政执法队伍建设，强化执法人员培训，提高执法水平。

第十八条 请求专利行政部门处理专利侵权纠纷的，应当符合下列条件：

（一）请求人是专利权人或者利害关系人；

（二）有明确的被请求人；

（三）有明确的请求事项和具体事实、理由；

（四）属于受理专利行政部门的受案范围和管辖范围；

（五）专利侵权纠纷未进入诉讼程序。

经审查认为不符合受理条件的，不予受理，并出具不予受理通知书。当事人不服的，可以依法对专利行政部门提起行政诉讼。

对已驳回请求或者作出处理决定的专利侵权纠纷案件，同一请求人以相同的事实和理由再次对同一被请求人提出专利侵权纠纷处理请求的，专利行政部门不予受理。

第十九条 专利侵权纠纷处理过程中，被请求人向国家知识产权局专利复审委员会请求宣告涉案专利权无效的，可以请求专利行政部门中止案件处理；中止案件处理请求应当在指定的期限内以书面形式提出，并同时提交无效宣告请求受理通知书、专利权无效宣告请求书以及相关证据材料。

专利行政部门经审查认为需要中止处理的，应当作出中止处理的决定。但是，有下列情形之一的，可以不中止处理：

（一）请求宣告专利权无效的理由不成立或者提交的证据材料不充分的；

（二）被请求人所实施的技术或者设计属于现有技术或者设计的；

（三）被请求人所实施的技术或者设计未落入涉案专利权保护范围的；

（四）专利行政部门认为不应当中止处理的其他情形。

第二十条 在处理实用新型或者外观设计专利侵权纠纷过程中，专利行政部门可以根据案情需要，要求请求人出具由国务院专利行政部门作出的专利权评价报告。请求人无正当理由拒不提供的，专利行政部门可以驳回请求人的请求。

第二十一条 在专利侵权纠纷处理过程中，当事人对自己提出的主张有责任提供证据。

专利行政部门可以根据需要，依据职权调查收集有关证据。

当事人因客观原因不能自行收集部分证据的，可以书面申请专利行政部门调查收集。书面申请应当载明需要调查收集的证据内容和线索、拟要证明的事实以及不能自行收集的客观原因。

第二十二条 专利侵权纠纷涉及新产品制造方法的发明专利的，制造同样产品的单位或者个人应当提供其产品制造方法不同于专利方法的证明。

产品或者制造产品的技术方案在专利申请日以前为国内外公众所知的，该产品不属于前款规定的新产品。

第二十三条 专利行政部门根据处理专利侵权纠纷的需要进行调查时，可以行使下列职权：

（一）询问当事人和证人；

（二）查阅、复制与案件有关的合同、图纸、账簿等资料；

（三）对涉嫌侵权的产品进行登记并抽样取证；

（四）对涉嫌制造侵权产品和涉嫌使用专利方法的场所进行现场勘验；

（五）现场检查、摄录与案件有关的物品和设施；

（六）涉嫌侵犯制造方法专利权的，要求被调查人进行现场演示；

（七）对可能灭失或者可能被销毁、被转移的合同、图纸、发票、账簿、标记等资料以及有关的物品和设施依法予以登记保存。

专利行政部门行使前款规定的职权，公安机关和工商行政管理等有关部门应当予以协助。有关当事人应当协助调查并提供证据，不得拒绝、阻碍，不得伪造、转移或者毁损证据。

第二十四条 专利行政部门处理专利侵权纠纷，当事人应当如实提供相关证据。

专利行政部门可以根据已经查明的事实、鉴定意见以及权利人提供的证据等材料，对是否构成侵权以及损害结果等予以认定并依法作出处理决定。

第二十五条 专利行政部门处理专利侵权纠纷，认定侵权行为成立的，责令侵权人立即停止制造、使用、销售、许诺销售、进口等侵权行为，销毁侵权产品或者使用侵权方法直接获得的产品，销毁制造侵权产品或者使用侵权方法的专用零部件、工具、模具、设备等物品。

第二十六条 专利行政部门处理专利侵权纠纷，认定侵权行为不成立或者请求人提供的证据不充分的，应当驳回请求人的请求。当事人不服的，可以依法提起行政诉讼。

第二十七条 专利行政部门或者人民法院认定专利侵权行为成立的处理决定或者判决生效后，同一行为人对同一专利权继续或者再次实施侵权行为的，除依法承担民事责任外，由专利行政部门依据职权查处。

第二十八条　在展览会、展示会、推广会、交易会等展会上，当地专利行政部门应当及时处理专利侵权纠纷、查处假冒专利行为。

专利行政部门处理展会上的专利侵权纠纷，能够初步认定参展的产品、技术与专利技术相同或者等同的，可以要求被请求人将相关物品撤离展位。被请求人拒不撤离的，由当地专利行政部门依法处理。

第二十九条　专利行政部门处理或者调解专利纠纷，当事人达成调解协议的，应当制作调解书。

调解书经双方当事人签名或者盖章后生效，对双方当事人具有约束力，当事人应当履行。

调解书中具有给付内容的，当事人可以依照《中华人民共和国公证法》的规定申请公证机关赋予强制执行效力。债务人不履行或者不适当履行具有强制执行效力的公证文书的，债权人可以依法向有管辖权的人民法院申请执行。

第三十条　在专利权有效期内，专利权人或者经专利权人同意享有专利标识标注权的被许可人，可以在其专利产品、依照专利方法直接获得的产品、该产品的包装或者该产品的说明书等材料上标注专利标识。

生产、销售标有专利标识的产品，专利权终止的，当事人应当向专利行政部门提供生产日期的有效证明文件；拒不提供的，视为假冒专利。

第三十一条　专利行政部门在检查与涉嫌违法行为有关的产品时，对有证据证明是假冒专利的产品，可以依法查封或者扣押。

第三十二条　任何单位或者个人不得假冒专利，不得为明知是假冒专利提供制造、销售、运输、仓储、隐匿、广告、展示等便利条件。

第三十三条　县级以上人民政府专利行政部门应当建立专利违法行为举报制度，公布举报方式。

任何单位或者个人有权向专利行政部门举报专利违法行为。其他部门接到专利违法行为举报或者发现涉及专利的违法行为，应当及时告知专利行政部门。

专利行政部门对于查证属实的举报，按照有关规定对举报人给予奖励，并为其保密。

第四章　专利管理

第三十四条　任何单位和个人宣传、推销专利产品和专利方法，应当明示该专利权有效的证明文件。

广告中涉及专利的，广告主应当向广告经营者、广告发布者提供设区的市人民政府专利行政部门出具的有关证明文件；未提供的，广告经营者、广告发布者不得提供设计、制作、代理服务或者发布该广告。

第三十五条 设立从事专利代理的中介服务机构应当依法经专利行政部门审查、审批后，再向登记管理机关申请登记。

第三十六条 有下列行为之一的，应当向有关部门提交由省人民政府专利行政部门认定的专利文献检索机构出具的专利检索报告：

（一）申报重大科研和新技术、新产品立项的；

（二）从事专利技术、产品、设备进口贸易的；

（三）以专利技术、设备作为投资或者申办企业的；

（四）对科技成果进行评价的。

在技术、产品、设备出口贸易中，涉及进口国家或者地区专利权的，可以请求省人民政府专利行政部门认定的专利文献检索机构出具专利检索报告。

第三十七条 有下列情形之一的，专利权人、利害关系人应当提供专利登记簿副本等专利有效证明文件，利害关系人还应当提供专利实施许可合同：

（一）以专利产品或者技术为主要项目内容，申请政府财政资金支持或者政府奖励的；

（二）在展览会、展示会、推广会、交易会等展会活动中，参展方在产品、展板或者宣传资料上标注专利标记的；

（三）组织标注专利标记的商品进入商场、超市等市场流通领域销售的；

（四）需要确认专利权权属和专利权法律状态的其他情形。

不能提供专利权有效证明文件的，有关部门和单位不得给予其资金支持或者为其提供相关服务。

第三十八条 省、设区的市人民政府应当建立健全专利考核评价体系，将创新能力与专利运用情况纳入政府目标责任考核。

县级以上人民政府及其有关部门应当建立企业、高等学校和科研机构创新能力评价体系，将专利数量、质量和转化率作为其创新能力评价的重要依据。

第三十九条 专利行业协会应当加强对其会员服务和经营行为的自律管理，维护行业公平竞争秩序和会员合法权益，促进行业健康发展。

第五章　专利服务

第四十条　省、设区的市和有条件的县（市、区）人民政府专利行政部门建立健全专利信息公共服务体系，建立重点行业专利专题信息数据库，进行专利信息加工和战略分析，开展专利预警分析，为专利运用提供政策指导、技术咨询、信息共享、市场开发、展示交易等公共服务。

第四十一条　县级以上人民政府及其有关部门建立专利审议机制，对与专利技术相关的重大经济活动进行审议，防止技术的盲目引进、重复研发、流失或者侵犯专利权，避免造成重大经济损失。

下列与专利技术相关的重大经济活动，项目单位报批立项时，应当进行专利审议，并在可行性研究报告或者立项报告中对项目相关技术的专利权状况、专利侵权风险等作出评价：

（一）实施使用国有资金或者涉及国有资产数额较大的重大建设、重大并购、重点引进、重大高新技术产业化等项目；

（二）实施省重大科学技术项目、核心技术转让、重大技术进出口以及重点装备进口、省重点项目等与专利技术相关的项目；

（三）对当地经济社会发展有重大影响的其他经济活动。

第四十二条　省、设区的市人民政府专利行政部门应当建立专利咨询、鉴定专家人才库，组织有关专家开展与专利有关的技术咨询、鉴定和评价工作。

第四十三条　县级以上人民政府及其有关部门应当发展和规范专利技术交易市场，支持专利技术交易机构、专利技术展示交易平台的设立和发展。

第四十四条　县级以上人民政府应当组织开展专利维权援助工作，省、设区的市和有条件的县（市、区）设立公益性维权援助机构，负责受理、审查维权援助申请，免费提供相关事务咨询、纠纷解决方案等公共服务。

第四十五条　从事专利代理、检索、评估等中介服务机构依法取得设立登记后，方可从事专利服务。法律、行政法规规定应当具备相应资格、资质的，适用其规定。

专利中介服务机构及其工作人员应当依法开展中介服务，不得出具虚假报告和以不正当手段招揽业务，不得与当事人串通牟取不正当利益，不得损害专利申请人、专利权人以及其他当事人的合法权益和公共利益。

专利行政部门及其工作人员不得从事或者参与以营利为目的的专利中介服务。

第四十六条 省、设区的市人民政府专利行政部门应当加强对专利中介服务机构的指导与监管，建立专利中介服务机构以及专利代理人服务评价机制，引导、支持专利中介服务机构发展。

第四十七条 省、设区的市人民政府专利行政部门应当建立专利预警机制，监测和通报重点行业的国内外专利发展趋势、竞争态势等状况，制定应急预案，防范和化解专利风险。

第四十八条 县级以上人民政府及其有关部门应当制定和实施专利人才培养计划，加强对专利专业人才培养，促进专利人才向职业化、市场化和专业化方向发展。

第六章　法律责任

第四十九条 专利行政部门的工作人员以及其他有关国家机关工作人员玩忽职守、滥用职权、徇私舞弊的，依法给予处分；构成犯罪的，依法追究刑事责任。

第五十条 违反本条例规定，单位或者个人弄虚作假，骗取政府专利资助、奖励的，由人民政府或者有关部门撤销奖励，收回资助、奖励资金，五年内不得申报政府专利资助、奖励，将其记入社会信用档案并予以公布；构成违反治安管理行为的，由公安机关依法给予行政处罚；构成犯罪的，依法追究刑事责任。

第五十一条 违反本条例规定，假冒专利的，除依法承担民事责任外，由专利行政部门责令改正并予以公告，没收违法所得，可以并处违法所得一倍以上四倍以下的罚款；违法所得难以确定或者没有违法所得的，可以处二万元以上二十万元以下的罚款；构成犯罪的，依法追究刑事责任。

销售假冒专利产品的，以产品销售价格乘以所销售产品的数量作为其违法所得。

订立假冒专利合同的，以收取的费用作为其违法所得。

第五十二条 违反本条例规定，为明知是假冒专利提供制造、销售、运输、仓储、隐匿、展示等便利条件的，由专利行政部门责令其停止违法行为，可以处四千元以上二万元以下罚款；情节严重的，可以处二万元以上五万元以下罚款。为假冒专利制作、发布广告的，由专利行政部门书面告知，限期改正，并进行公告；逾期不改正的，由有关部门依法处理。

第五十三条 违反本条例规定，专利中介服务机构及其工作人员出具虚假报告，与当事人串通牟取不正当利益的，由专利行政部门责令改正，拒不改正的，处四千元以上二万元以下罚款；有违法所得的，没收违法所得；情节严重的，由发证机关依法吊销相关证照；给当事人造成损失的，依法承担民事责任。

第五十四条 阻碍专利行政执法人员依法执行职务的，由公安机关依照《中华人民共和国治安管理处罚法》进行处罚；构成犯罪的，依法追究刑事责任。

第五十五条 违反本条例规定，法律、行政法规已有行政处罚规定的，依照其规定执行；造成财产损失或者其他损害的，依法承担民事责任；构成犯罪的，依法追究刑事责任。

第七章 附 则

第五十六条 本条例自 2013 年 9 月 1 日起施行。2002 年 5 月 16 日山东省第九届人民代表大会常务委员会第二十八次会议通过的《山东省专利保护条例》同时废止。

[司法实务问题研究]

人事诉讼原理在婚姻审判中的适用
——证据规则的适用及其延展

王礼仁 *

婚姻诉讼，是以婚姻关系为诉讼对象的非财产诉讼，属于人事诉讼（亦称身份关系诉讼）。由于身份关系具有高度人身性、社会性、公益性的特点，一般适用职权主义诉讼原则。而通常诉讼程序，主要是关于当事人因利益关系所引起的财产诉讼规则，一般采用辩论主义诉讼原则。因而，通常诉讼程序对于婚姻诉讼案件，并不适用或不能完全适用。司法解释已明确规定身份关系不适用自认。但由于我国没有人事诉讼制度，在司法实践中，并没有区分人事诉讼与财产诉讼，往往把财产诉讼规则一律适用于婚姻等身份关系案件，造成身份案件处理错误。因而，在当前情况下，不仅要正确证据规则，更需要对证据规则加以延展，适用人事诉讼法理处理婚姻案件，这对保障婚姻案件审判质量具有十分重要的意义。

一、人事诉讼的概念和范围

人事诉讼（又称"身份关系诉讼"或"家事诉讼"），是指不以财产关系为诉讼标的，而关于人之身份关系的诉讼。相应地把该类诉讼案件称为人事诉讼案件或身份关系诉讼案件；把其所适用的程序称为人事诉讼程序或身份关系诉讼程序。有关非财产性质的身份关系诉讼，许多国家或地区都专门设置了一

---

* 湖北省宜昌市中级人民法院三级高级法官。

种特别诉讼程序，如日本和我国台湾地区的"人事诉讼程序"，德国、韩国的"家事诉讼法"等，都是关于审理身份关系诉讼的特别程序。与这种特别诉讼程序相对应的一般诉讼，则称为普通民事诉讼或通常民事诉讼程序。人事诉讼程序既不同于普通程序，也不同于非讼程序，它是一种特别程序，其最大特点是采用职权主义，限制当事人的处分权，与一般民事诉讼程序采用辩论主义原则有重大不同。

人事诉讼的范围，因各国的程序法和实体法的规定不同而有所不同。《日本人事诉讼程序法》中的人事诉讼，包括婚姻案件及收养事件、亲子关系事件。而禁治产及准禁治产事件、失踪事件，则根据其 1974 年第 153 号法律废除。日本人事诉讼程序法中的婚姻事件包括婚姻无效之诉、撤销婚姻之诉、离婚之诉及撤销离婚之诉。①《德国民事诉讼法》第 6 编"家事事件程序"包括婚姻事件（第 606 条）、其他家事事件（第 621 条）、离婚后事件（623 条）、亲子事件（640 条）及抚养事件（642 条）。其中婚姻事件包括有：离婚、撤销婚姻、确认当事人之间婚姻存在与不存在及夫妻同居之诉。②在我国《大清民事诉讼律（草案）》"人事诉讼"一章中，人事诉讼包括"宣告禁治产程序"、"宣告准禁治产程序"、"婚姻事件程序"和"亲子关系事件程序"共 4 节。其中"宣告禁治产程序"一节条文最多，比较详细地规定了该程序的提起和进行的各项内容，以及撤销禁治产宣告之诉程序。而婚姻事件包括离婚、撤销婚姻、确认婚姻成立或不成立、夫妻同居之诉。③国民党统治时期制定的民事诉讼法，吸收了《大清民事诉讼律（草案）》的立法成果，于 1931 年 2 月 13 日在其颁布的民事诉讼法第五编第四章亦设立了人事诉讼制度，并一直沿袭至今。目前台湾地区"民事诉讼法"的第 9 章人事诉讼共 4 节，包括婚姻事件、亲子关系事件、禁治产事件、宣告死亡事件等。而婚姻事件大致包括婚姻无效、婚姻撤销、确认婚姻成立或不成立、离婚、夫妻同居之诉等。

婚姻事件诉讼，只是人事诉讼的一种。婚姻事件诉讼，是以婚姻关系为诉

---

① ［日］兼子一、竹下守夫：《民事诉讼法》，白绿铉译，法律出版社 1995 年版，第 342～347 页。

② 谢怀栻译：《德意志联邦共和国民事诉讼法》，中国法制出版社 2001 年版，第 145～174 页。

③ 吴泽勇：《清末修律中的民事诉讼制度变革》，载《比较法研究》2003 年第 3 期，总第 67 期，第 72 页；张晋潘主编：《中国法制通史》（第九卷），法律出版社出版，第 312 页，

讼对象的诉讼。由于这里主要是研究婚姻关系诉讼，因而，除了在讨论身份关系的一些共性问题涉及亲子关系、收养关系等其他身份关系外，对亲子关系等其他身份关系不作专门讨论。

二、婚姻诉讼的范围和种类

婚姻诉讼的范围主要限于夫妻关系之间的有关身份关系诉讼以及因婚姻关系所引起的子女抚养和财产分割等附随诉讼。我国（大陆）虽然没有设立人事诉讼制度，但仍然存在人事诉讼。从我国婚姻法和有关司法解释来看，我国人事诉讼中的婚姻事件，包括这样几种：婚姻无效之诉、婚姻撤销之诉、确认婚姻成立或不成立之诉、离婚之诉、离婚无效之诉、解除配偶与他人同居之诉、夫妻分居之诉，婚姻自主权之诉等。

1. 婚姻无效之诉，即根据婚姻法所规定的婚姻无效之原因而请求宣告其无效之诉。婚姻法第十条规定，有下列四种法定情形之一者婚姻无效：（一）重婚的；（二）有禁止结婚的亲属关系的；（三）婚前患有医学上认为不应当结婚的疾病，婚后尚未治愈的；（四）未到法定婚龄的。只要具有上述情形之一的，利害关系人就可以提起婚姻无效之诉。

2. 撤销婚姻之诉，即根据婚姻法所规定撤销婚姻之原因而请求撤销婚姻之诉。婚姻法第十一条规定："因胁迫结婚的，受胁迫的一方可以向婚姻登记机关或人民法院请求撤销该婚姻。受胁迫的一方撤销婚姻的请求，应当自结婚登记之日起一年内提出。被非法限制人身自由的当事人请求撤销婚姻的，应当自恢复人身自由之日起一年内提出。"

3. 确认婚姻成立或不成立之诉，即根据婚姻法规定的婚姻成立条件请求确定其二人间有无夫妻关系之诉。根据我国婚姻法第八条和《婚姻登记条例》第四条、第五条的规定，婚姻成立，需要按照法定程序进行结婚登记并领取结婚证，只有依法登记并领取结婚证，婚姻始可成立。但由于婚姻登记难免存在瑕疵，公民对婚姻是否成立或存在产生分歧时，则可以通过确认婚姻成立或不成立之诉，请求确定其二人婚姻是否成立或存在。

4. 离婚之诉，即根据婚姻法所规定的离婚条件，请求解除婚姻关系之诉。公民因夫妻感情破裂，难以共同生活，而又无法协议离婚者，则可根据姻法所规定的离婚条件，提出离婚之诉。

5. 离婚无效之诉，即对违反离婚法律要件的离婚行为，请求确认离婚无效之诉。如冒名顶替协议离婚，或与无行为能力人协议离婚等，可以提起确认该离婚无效诉讼，使离婚不生法律效力，原婚姻关系因此恢复。

6. 解除配偶与他人同居之诉，指根据婚姻法和司法解释的规定，有配偶者又与他人同居时，另一方请求法院解除其同居关系之诉。《婚姻法解释（二）》第一条规定：当事人起诉请求解除同居关系的，人民法院不予受理。但当事人请求解除的同居关系，属于婚姻法第三条、第三十二条、第四十六条规定的"有配偶者与他人同居"的，人民法院应当受理并依法予以解除。符合上述条件者，婚姻一方有权提起解除配偶与他人同居之诉。

7. 夫妻分居之诉，即夫妻一方因不堪同居，而请求夫妻分居之诉。我国目前没有设立夫妻分居制度，有明显缺陷。[①] 从司法实践来看，应当准许一方在遭受家庭暴力、虐待不堪同居时，请求夫妻分居，以保护公民的合法权利。

8. 婚姻自主权之诉，即排除妨碍婚姻自由之诉，指根据婚姻法关于婚姻自由的规定，对于干涉他人婚姻自由者，请求法院排除妨碍婚姻自由之诉。我国法律一直主张婚姻自主，反对他人干涉婚姻自由，对于暴力干涉他人婚姻自由的，还要追究刑事责任。可见，排除妨碍婚姻自由之诉，是有其充分法律根据的。《民事案件案由规定》将"婚姻自主权纠纷"放在"人格权"中，也有其合理性。但这并不排除将其纳入婚姻诉讼的范围，而且将其作为婚姻诉讼，更能突出其与一般人格权的差异，体现其婚姻关系的特点。同时，婚姻自主权纠纷，也不限于干涉他人结婚，还涉及干涉他人离婚；不仅涉及第三人干涉，也涉及夫妻内部干涉他方。如第三者霸占他人夫或妻，威逼其离婚；夫妻之间强迫另一方离婚或不离婚等，都是侵害婚姻自主权的行为。

至于夫妻同居之诉，在外国和我国台湾地区有规定。但在我国目前尚缺乏法律根据和实际意义，故没有必要设立。[②]

三、人事诉讼原理在婚姻审判中适用之必要性

我国虽然没有人事诉讼法，但人事诉讼原理在婚姻审判中应当贯彻执行。

婚姻案件的基本属性是身份关系，具有高度人身性、社会性、公益性的特点。而通常诉讼程序，主要是关于财产诉讼的程序，用以解决当事人因利益分配所引起的纠纷。这对于婚姻诉讼案件，并不适用或不能完全适用。在我国

[①] 具体理由参考拙著：《婚姻诉讼前沿理论与审判实务》，人民法院出版社2009年版，第10章。

[②] 王礼仁：《建议设立人事诉讼之我见》，载《法律适用》2002年第10期。

民事审判诉讼模式或审判方式不断改革发展的今天，财产诉讼与身份关系诉讼应当适用不同的诉讼程序或法理。

我国早在1950年即制定了婚姻法。婚姻法的制定，使当时民事诉讼领域形成了以婚姻家庭方面的诉讼案件为主的现象，加之商品经济不发达，当时的民事案件，除了婚姻家庭（包括继承）案件外，其他案件不多。而且当时没有民事诉讼法，婚姻案件的审理程序，代表和影响了整个民事诉讼程序，甚至可以说婚姻诉讼程序吞并了其他诉讼程序，婚姻诉讼与通常诉讼程序没有什么区别。同时，由于主客观原因，我国长期实行的是职权主义诉讼模式，法官包揽诉讼（实际上是"超职权主义"），在司法实践中根本不存在适用辩论主义原则处理有关案件问题。

而婚姻诉讼与通常诉讼的一个重要区别，就是要体现职权主义诉讼原则，通常诉讼的辩论主义原则在婚姻诉讼中限制适用。在一定意义上讲，人事诉讼实际上就是辩论主义原则的例外。而当时采取的是超职权主义，辩论主义原则完全被抛弃，通常诉讼和人事诉讼没有区别。没有辩论主义原则就没有例外，职权主义诉讼模式已经满足了婚姻诉讼的需要。在这种情况下，没有必要再强调适用人事诉讼原理处理婚姻案件。

但经过多年的审判方式改革，我国已经逐步冲破了职权主义或超职权主义诉讼模式的束缚，初步形成了符合现代要求的以辩论主义为主的诉讼原则。而随着辩论主义原则的形成和建立，使人事诉讼与普通诉讼的区别自然显现出来。特别是2001年12月31日，最高人民法院公布的《关于民事诉讼证据的若干规定》（下面简称《证据规定》），吸收和确立了辩论主义原则的有关内容，制定了一般诉讼证据的认定规则。并首次在第八条和其他相关条文中规定了普通诉讼中的自认等证据认定规则，不适用于身份关系诉讼（即人事诉讼）。可以说，这是我国民事诉讼立法（广义的立法）史上一次划时代或革命性变化。它标志着我国的民事诉讼已经结束了长期以来的单一职权主义诉讼模式，辩论主义原则的有关规则正在确立，普通诉讼与身份关系诉讼（人事诉讼）开始分野。也就是说，在贯彻执行辩论主义的同时绝不能忽视人事诉讼的职权干预特点，普通诉讼与人事诉讼应当采取不同的诉讼规则或模式。

然而，由于《证据规定》是关于民事证据的规则，不是身份关系诉讼的特别规定，对有关身份关系诉讼不可能作出全面规范，更不可能就证据以外的有关身份诉讼的规则作出规定。因而，在其他诉讼环节上，普通诉讼与身份关系诉讼应当如何区别，我国法律或司法解释没有这方面的系统规定。同时，《证据规定》关于身份关系的特殊规定，比较简单，缺乏操作性。由于人事诉讼制度不健全，在理论上，一般都认为，普通诉讼与身份关系诉讼没有什么区别。并认为"人民法院审理各种婚姻家庭案件，如关于婚姻效力的案件，抚养、扶养和赡养案件，收养案件，离婚案件，家庭成员共有财产分割案件等等，均应按照民事诉讼法规定的程序办理"。①因而，在司法实践中，不少法院在审判方式改革中，把身份关系诉讼中应当保留的职权主义诉讼特点，也给改掉了。对婚姻等身份关系诉讼，也一律实行一般辩论主义原则，对婚姻等身份关系诉讼案件不主动依职权调查，不考虑双方未提出的事实等，完全把婚姻等人事诉讼案件混同于普通财产案件，最突出的就是忽视婚姻案件职权主义诉讼的特点或色彩，主要表现如下：

（一）法官不依职权收集证据，完全依靠当事人举证定案

具体表现在：其一，在证据收集上，一律实行一般诉讼的谁主张，谁举证原则，把举证责任完全推给当事人。对于该依职权主动调查的婚姻事实，不依职权主动调查，完全凭当事人的举证材料定案。其二，对庭审中涉及的重要婚姻事实，则往往以当事人没有提供证据证明而否认。对案件的真实事实或真正的离婚原因，没有揭示；对潜在的矛盾没有解决。其三，对于婚姻案件中的举证期限，也死抠一般诉讼的"证据失权"制度，对于超过举证期限的证据，大都以"证据失权"为由，不予采纳。还有的认为，一审没有提出的婚姻事实或证据，二审不能提出。其四，对于当事人要求法官调查的证据，也以不属于职权调查范围为由，不予调查。如对婚姻有效与无效不调查；对婚姻成立或不成立不调查；对一方提出另一方有重婚或同居的事实不调查；对一方是否遭受家庭暴力或虐待不调查；对一方提出另一方有婚外情的事实或线索，更不调查和核对；等等。

由于一切全凭当事人举证定案，不仅导致许多案件都以当事人的证据不力而不予认定。还有不少离婚判决，完全依靠两、三张纸的开庭笔录定案，或者以当事人提供的几个很单薄的证据定案。有的离婚案件，甚至简短得离谱。比

---

① 《婚姻法课程自学方法谈》，载 http://learning.sohu.com/20050610/n226559121.shtml.

如一个离婚判决的事实部分，不到150个字（最短的只有122个字），竟然就解决一个三、五年，甚至几十年的婚姻。

（二）法官不斟酌当事人未提出之事实，对自认、认诺等处理存在问题

《证据规定》规定了一般诉讼程序中的自认等有关诉讼规则，不适用于身份关系诉讼。但对"认诺"、"不争事实"如何认定和处理，没有规定。在婚姻案件中，法院能否斟酌当事人未提出之事实，也没有规定。司法实践中，不仅在自认的适用上仍存在不少问题。对于"认诺"、"不争事实"的认定和处理，基本上是按照处理财产案件的规则处理的。法官对于当事人未提出之事实更未加斟酌。如婚姻是否有效与无效或成立与不成立的事实，只要当事人没有提出，法官则不加斟酌或考虑。

（三）在案件处理方法上，忽视婚姻案件的情感色彩和人伦特点

离婚是人与人之间的情感纠葛，处理离婚案件，应当努力实现弥合感情，消除隔阂，促进双方和好或者和平谢幕的目的。这是一项慎之又慎，细之又细的工作。然而，司法实践中，在处理婚姻案件的方法上，越来越简单化、程序化，忽视婚姻案件的情感色彩和人伦特点。至于处理婚姻案件的一些传统的好做法，如深入到村委会或居委会，或者当事人单位了解情况，邀请有关组织和个人协助做调解工作；因第三者介入婚姻引起的离婚案件，对第三者进行批评教育，或建议有关单位或组织进行处分，斩断第三者，为婚姻和好排除外部障碍；等等，都逐渐被抛弃，做得很少。在一些离婚案件中，因第三者引起的离婚，只有当事人提供的相关证据和材料，法官几乎没有调查和接触第三者，更谈不上斩断第三者。对于一些判决不离婚的案件，也没有为婚姻和好扫除障碍，往往是一判了之。

上述问题的产生，主要是没有正确处理好审判方式改革与人事诉讼的关系所致。整个审判方式搞改革是由职权主义向辩论主义诉讼模式变革，职权主义日趋弱化；而身份关系诉讼则需要强化职权主义诉讼，职权主义诉讼职能不能削弱，两者之间出现不可调和的矛盾。这就需要将身份关系诉讼与普通民事诉讼模式进行分离，即普通民事诉讼主要采取辩论主义原则，身份关系诉讼则主要采取职权主义诉讼原则。由于在理论和司法实践忽视财产诉讼与人事诉讼的区别，从一个极端走向另一个极端，即由审判方式改革前的不分人事诉讼与财

产诉讼都适用职权主义，变成了不分人事诉讼与财产诉讼都适用辩论主义。过去对财产诉讼一律采取职权主义，则影响了诉讼的效率，并造成法院工作的被动；而目前对身份关系诉讼一律采取辩论主义，则忽视了身份关系特点，有损身份关系的正确处理。因而，在当前人事诉讼制度尚没有健全的变革过程中，把财产诉讼与人事诉讼加以区别，强调适用人事诉讼法理处理婚姻案件，具有十分重要的意义。

四、人事诉讼原理在婚姻审判中的具体适用

在大陆法系的民事诉讼中，有两个相对立的诉讼原则或模式，即职权主义与辩论主义。职权主义，就是由法院或法官控制和主导整个诉讼程序，包括对诉讼程序采取职权主义与对事实和证据采用职权主义。前者称为职权进行主义，后者称为职权调查主义（或职权探知主义）。辩论主义，也分狭义的辩论主义与广义的辩论主义。狭义的辩论主义，指法院只能从当事人的辩论中采纳作为判决基础的事实和证据的原则。广义的辩论主义还包括处分主义，其内涵近似英美法系的当事人主义。① 本文采广义的辩论主义。在我国，尽管现行民事诉讼法还不属于大陆法系或英美法系那种典型的辩论主义或当事人主义诉讼模式，但经过多年的审判方式改革，在目前的司法实践中，事实上已经基本形成了以"辩论主义为主，职权主义为辅"的诉讼模式，法院的职权主义职能已经受到较大程度限制和弱化。如《证据规定》第十五至第十七条对法院依职权调查的证据作了严格限制。第八条规定，"诉讼过程中，一方当事人对另一方当事人陈述的案件事实明确表示承认的，另一方当事人无需举证"。第四十七条规定，"证据应当在法庭上出示，由当事人质证。未经质证的证据，不能作为认定案件事实的依据"。这些都体现了辩论主义的色彩。可以说，在普通诉讼中，主要是采取辩论主义。这种审判方式或诉讼模式，虽然可以适宜一般财产诉讼，但对身份关系诉讼则不能适用。身份关系诉讼恰恰相反，应当更多地体现职权主义，或应当适用"以职权主义为主，辩论主义为辅"的诉讼模式。辩论主义原则在身份关系诉讼中，一般不应适用或限制适用。

---

① 详细内容可参考：［日］兼子一、竹下守夫：《民事诉讼法》，白绿铉译，法律出版社1995年版，第5页；肖建国：《民事诉讼程序价值论》，中国人民大学出版社2000年版，第112～117页页；王甲乙：《辩论主义》，载杨建华主编：《民事诉讼法论文选辑》（上），台湾地区五南图书出版公司1984年版，第357页。

身份关系诉讼不适用辩论主义原则，这是身份关系诉讼与普通诉讼最显著的特点。在普通民事诉讼程序中，采用辩论主义原则，即诉讼请求的确认，诉讼资料、证据的收集和证明，主要由当事人负责。法官对当事人的争执和主张，不干预。法院应在什么范围内进行裁判及如何裁判，并应对哪些事实进行调查证据，由当事人意思而定。辩论主义原则包括三个方面内容：（1）当事人没有主张的事实不为判决的基础；（2）对当事人没有争议的事实，必须作为判决的基础；（3）认定当事人之间的争议事实，原则上限于当事人所提的证据。

但在身份关系诉讼程序中，则应采取职权主义审理原则。职权审理原则，也称干涉原则，是与辩论原则对立的一种原则。它与辩论原则不同，法院在诉讼程序中拥有主导权，即在民事诉讼活动中，程序的进行及诉讼资料、证据的收集等方面，法院拥有主动权，不受当事人意思的限制。法院可以考虑当事人所未提出的事实；对于请求的认诺，对于诉讼上的自认及不争执的事实等，法院可以不作为裁判的依据。例如，在普通民事诉讼程序中，法院可以基于当事人的认诺，作出该当事人败诉的判决。但在身份关系诉讼中，当事人在言辞辩论中，即使已为诉讼标的的认诺，法院也不能据此作出该当事人败诉的判决，而应调查事实情况，根据调查的事实和法律作出判决。又如在普通程序中，当事人之一方对另一方主张的事实自认或不争执，对方当事人就其主张的事实，可以免除举证责任。而在身份关系诉讼中，对此则限制适用。在普通诉讼程序中，法院原则上不能依职权考虑当事人未提出的事实。但在身份关系诉讼中，法院可以依职权调查证据。这种做法，属于辩论原则的例外。

由于《证据规定》只规定了普通诉讼程序中的自认不适用身份诉讼，没有涉及其他职权主义诉讼的内容。那么，如何理解自认？对诉讼请求的认诺，是否适用身份关系诉讼案件？在身份关系诉讼案件，法官应否依职权调查收集证据？法院应否考虑双方未提出的事实，以及如何考虑等，都需要研究。笔者根据人事诉讼原理，并结合司法实践中婚姻案件的不同类型和性质，就人事诉讼原理在婚姻案件审判中的适用问题，提出自己的一些看法。

（一）身份关系诉讼不适用自认

自认是民事诉讼法上的一项基本制度，已被大多数国家采用。但我国现行的民事诉讼法对自认制度没有明确的规定，为弥补立法上的不足和适应庭审方式改革的需要，最高人民法院在《关于适用〈中华人民共和国民事诉讼法〉若干问题的意见》（以下简称《适用民诉法意见》）中规定，一方当事人对另一方当事人陈述的案件事实和提出的诉讼请求，明确表示承认的，无须举证，产生免除当事人举证责任的效果。《证据规定》第八条规定也有类似规定。但《证据规定》第八条同时也规定，一般诉讼程序中的自认规则，不适用于身份关系诉讼。自认是指当事人对于不利于自己事实的承认。而对于对方主张的不利于自己的事实不争，是指一方当事人对另一方当事人主张的案件事实，既没有明确承认，也没有提出异议或争执。没有提出异议或争执，实际上是默认，理论上也称为默示自认。我们认为，默认应当属于自认的范畴。默示自认又称拟制的自认或准自认。在普通诉讼上，无论明示自认，还是默示自认，都具有无庸举证的效力，即当事人一方对于对方主张的不利于己之事实而为自认时，对方因而也就免除了对该主张所负的举证责任。在身份关系诉讼中，自认不能适用一般诉讼中免除举证责任规定。如原告起诉称被告（女方）所生子女是与他人通奸所生，为此要求离婚。被告承认所生子女是与他人通奸所生。对此不能据此认定子女就是与他人通奸所生，应当有一定的证据证明并经法官心证而定。对于事实不争（默认），实际是一种特殊的自认，也不能根据默认直接认定。如原告诉称被告与人重婚，被告没有提出异议，即属于事实不争。但不能据此认定被告与人重婚，应当进行查证。

但应当注意的是，在身份关系诉讼中，并不是任何自认或不争事实，都不能适用一般诉讼中免除举证责任规定。对于离婚中的财产诉讼，或非身份事实的认定，也可以适用一般诉讼中的自认规则。从我国法律规定和婚姻事件的特点和性质来看，不适用自认的情形主要有以下几种：（1）婚姻有效与无效之原因事实；（2）撤销婚姻之原因事实；（3）婚姻成立与不成立之原因事实；（4）离婚诉讼中涉及身份关系确认之事实和离婚原因事实；（5）解除同居之原因事实。

婚姻有效与无效、婚姻成立与不成立、解除同居关系，都属强制性规定。因而，关于是否存在无效原因和婚姻成立与不成立的事实，以及解除同居关系的原因事实，都应当以法院所查明的客观事实进行判断，而不能依据当事人主观上的自认予以认定。

至于撤销婚姻之原因事实，是否适用自认？从我国法律规定来看，撤销婚姻有两个特点：第一，我国关于婚姻的撤销，属于任意撤销，不属于强制撤销。当事人可以请求撤销，也可以不请求撤销，而且其请求权只限于当事人本人，其他人不得行使。因而，婚姻的撤销属于私权范围，当事人对婚姻的撤销具有自由行使权。第二，我国关于婚姻撤销的原因事实只有一个，这就是胁迫结婚。而胁迫行为发生在当事人之间，只有当事人最清楚，如果当事人承认有胁迫，似乎可以认定或承认其效力。但我们认为，婚姻当事人虽然对于是否撤销婚姻有自主决定权，但这种自主权，只能在符合法定条件下进行，即只有在具有法定撤销的原因时，才能请求撤销。而法定撤销原因是一个客观事实，不能由当事人的主观态度而决定。更重要的是撤销婚姻必然导致婚姻关系的改变，涉及到当事人的重大人身权利和社会安宁，应当依职权加以干预。因而，对于撤销婚姻之原因事实，自认的适用仍应当受到限制。具体说，对于撤销婚姻的抽象事实，自认不生一般诉讼中的自认效力；对于撤销婚姻的具体事实，自认可以作为心证考虑的内容。如原告起诉被告有胁迫结婚行为，没有列举具体事实，被告承认有胁迫结婚行为，也没有陈述具体的事实。这就是一个抽象的撤销事实。对此，则不能认定双方属于胁迫结婚而撤销婚姻，应当依职权调查是否存在胁迫结婚的具体事实，然后依法判决。但原告起诉被告胁迫结婚有具体的事实，被告对该具体事实承认，法官可以作为自由心证考虑。但在事实的性质上，法官则有重新评判权。即如果该事实虽然存在，但不属于胁迫结婚，仍不能按胁迫结婚处理。因而，在我国，撤销婚姻的原因事实，仍然不适用于自认。

离婚诉讼中涉及身份关系确认之事实，也不适用自认。如在离婚中涉及到一方当事人是否属于重婚的认定，不能按照当事人的自认判断，应当以法院所查明的客观事实进行判断。因为重婚（不论是事实重婚还是法律重婚）都要产生法律上的身份关系的效力，并涉及第三人的法律后果。对此，必须慎重，不能轻信自认，应当进行查证落实。对于离婚中的亲子否认也是如此。尽管原告提出子女是第三人的，被告认可是第三人的，也不能据此直接认定是第三人的。因为这是涉及血亲身份关系的重大事实，不是当事人自认可以决定的。如果法院没有核对第三人或其他直接证据，不能直接认定子女是第三人的。但承认子女是婚生子女，则可以直接认定。因为，对于婚内出生的子女，没有反证，都应推定为婚生子女。对于离婚原因事实，原则上也不适用自认。对于一方的自认，应经核查或心证为属实者，方可认定。

（二）身份关系诉讼不适用认诺和舍弃

所谓认诺，就是对他人主张的诉讼请求的承认。具体说，是指被告方承认原告所提出的诉讼请求部分或全部为完全正当的诉讼上的一种承诺。它与自认不同，自认是对他人主张的事实的承认，认诺是对他人所主张的具体权利或请求的认可。长期以来，我国在诉讼上并未对自认和承诺加以严格区分，而是将其混为一谈，统一称之为"承认"。如《适用民诉法意见》第 75 条规定，"一方当事人对另一方当事人所陈述的事实或诉讼请求明确表示承认的"，无需证明。这里没有区分自认与认诺。其实自认与认诺有严格区别。自认是针对对方当事人所主张的具体事实，而认诺的对象是对方当事人提出的诉讼请求。当事人所主张的事实一经自认，法院就无需再对此加以认定，但是依该事实还需对诉讼请求的正当性作出法律判断，而如果诉讼请求被承诺，则免除了法院对其作出法律上判断的义务。民事诉讼法第五十二条规定，"当事人可以承认或反驳诉讼请求"。"承认诉讼请求"，就是对诉讼请求的认诺。根据这一规定，认诺可以作为一般诉讼的判决基础。但由于身份关系诉讼的特殊性，认诺的效力不能适用身份关系诉讼或者适用时受限制。那么，那些婚姻事件不适用认诺，也是一个值得研究的问题。

《日本人事诉讼程序法》第 10 条规定，其民事诉讼法第 203 条关于承诺请求的规定，不适用于婚姻案件。从该规定来看，似乎所有婚姻事件，均不适用认诺。但日本学者则认为，"人事诉讼一般不准许依私人（个人）的自由意思来解决，所以不能实施请求的放弃和认诺。""但是，离婚诉讼请求，由于民法上认可了协议离婚，所以，准许放弃和认诺。而且请求的放弃具有诉之撤销（回）类似的性质，既然诉之撤回都可以认可，人事诉讼事件的请求放弃也应予以认可。"① 台湾地区"民事诉讼法"第 574 条规定，"关于认诺效力之规定，于婚姻事件不适用之"。这就是说，所有婚姻事件，均不适用认诺。

那么，在我国，哪些婚姻事件适用认诺，哪些婚姻事件不适用认诺？笔者认为，从我国目前的立法来看，婚姻无效、婚姻成立或不成立之诉、解除同居关系，均不不适用认诺。因为婚姻无效、婚姻成立或不成立、解除同居关

---

① ［日］中村英郎：《新民事诉讼法讲义》，陈刚、林剑锋、郭美松译，法律出版社 2001 年版，第 253 页。

系之诉，属于国家强制性规定，不准许当事人依自由意思来解决。如原告起诉请求宣告婚姻无效，被告同意（即认诺）原告的诉讼请求。在这种情况下，法院不能据此宣告婚姻无效。应当根据案件客观事实情况和有关法律规定作出判决。首先应当审查原告主张婚姻无效的事实是否清楚或是否存在。如果事实不清，应当责令原告补充证据，或者依职权调查收集有关证据。在查清事实的基础上，对其性质进行判断，即确认是否属于婚姻无效的法定情形。如果属于婚姻无效的法定情形，才能作出宣告婚姻无效的判决。如果原告主张"婚姻无效"的事实不存在，或者虽然事实存在，但不属于无效婚姻的情形，均不能宣告婚姻无效。又如婚姻成立或不成立也是由法律强制性规定，符合缔结婚姻法律条件的，婚姻即成立，不符合法律条件的，婚姻则不成立，不因一方的承认或不承认，而使婚姻成立或不成立。解除有配偶者与他人的同居关系也是强制性，不受当事人意志的影响。

问题比较复杂的是离婚之诉，如原告起诉离婚之诉，被告同意离婚，法院能否根据被告的认诺直接判决离婚？我们认为，在此种情况下，法院应当考虑两个方面的问题：一是要考虑原被告离婚是否出于完全自愿，夫妻感情是否破裂，有没有赌气离婚等现象。如果双方完全是自愿离婚，并经调解，双方仍不愿和好的，则可准予离婚；如果夫妻感情没有破裂，完全是赌气离婚，应当尽量做调解工作，促其双方和好。二是要考虑婚姻是否有效，或婚姻是否成立。如果法院已经发现其婚姻为无效婚姻，或婚姻没有成立，即使被告同意离婚，也不能按照离婚处理，应当依法宣告婚姻无效，或确认婚姻关系没有成立。可见，离婚之诉，也不能完全适用认诺。但是，一方起诉离婚，另一方同意离婚（认诺），经法院审理查明，该婚姻属于合法成立的有效婚姻，并经调解，原告仍坚持要离婚，被告认诺离婚的，则可以作为判断夫妻感情破裂，准予离婚的基础。

与认诺相关的还有一个舍弃问题。所谓舍弃，也就是放弃诉讼请求，是指原告在诉讼中承认自己诉讼请求的全部或一部为不正当的主张，而表示予以放弃或撤诉。在一般诉讼中，原告可以舍弃诉讼请求。但在婚姻事件中，原告舍弃诉讼请求应当受到限制。台湾地区"民事诉讼法"第574条规定，"关于舍弃效力之规定，于婚姻无效、婚姻成立或不成立之诉，不适用之。"这也可以供大陆借鉴。在婚姻无效、婚姻成立或不成立之诉中，舍弃诉讼请求的效力不适用，法官应当依职权做出判断。因为无效婚姻制度和结婚制度属强制性规定，如果存在无效原因时，即使原告舍弃其所提出的确认婚姻无效之诉讼请求，法院也不能据此作出确认婚姻有效的判决，而仍然应当作出宣告婚姻无效的判决。因此，通常诉讼程序中有关原告舍弃诉讼请求的规定，在婚姻无效之诉中不能适用。同样道理，对于确认婚姻不成立之诉，也不适用舍弃诉讼请求。因为婚姻成立的条件是法定的，具有强制性，不因当事人的舍弃而使不成立的婚姻变成成立的婚姻。除此之外，在我国，解除同居之诉，也不适用舍弃。如有配偶又与他人同居者，另一方请求法院解除其同居关系之诉，但在诉讼中，原告放弃解除同居的请求。对此则不能不允许，原告放弃解除同居的请求不生效力，法院应当强制解除被告的违法同居关系，以免发生事实重婚现象。

但对于离婚和撤销婚姻之诉，则可适用有关舍弃制度的规定。因为离婚与不离婚，是原告的私权利，原告有权自己决定离婚或不离婚。因而，舍弃离婚诉讼请求是完全可以的。婚姻撤销不同于婚姻无效，婚姻撤销权授予当事人行使，国家不强制干预。当事人是否行使撤销权由当事人自己决定。当事人既可以向法院提起诉讼请求撤销婚姻，也可以不起诉撤销婚姻。对于已经向法院提起撤销婚姻的诉讼请求，他当然也有权在诉讼过程中放弃撤销权的行使。因而，婚姻是否撤销应当尊重撤销权人的意志，一般诉讼中的舍弃规定在撤销婚姻之诉中应当适用。

（三）身份关系诉讼法官可以依职权调查收集证据

《证据规定》第十六条规定："除本规定第十五条规定的情形外，人民法院调查收集证据，应当依当事人申请进行。"而《证据规定》第十五条的规定，法院可以依职权调查的事项只有两种：一是"涉及可能有损国家利益，社会公共利益或者他人合法权益"；二是"与实体无关的程序事项。"这一规定在于强化辩论主义原则，弱化法官的职权。那么，身份关系诉讼是否也应当依当事人申请才能进行调查收集证据呢？《证据规定》没有明确。

我们认为，身份关系诉讼属于适用辩论主义原则的例外情形，可以不受当事人申请的限制，法官可以依职权调查收集证据。因为身份关系诉讼，涉及国家和社会公共利益。婚姻家庭是构成社会的基本单元，是国家、社会的一个断面或缩影，也是社会秩序稳定的重要砝码。作为社会机体细胞的婚姻家庭是否稳定,不仅涉及每一个人的切身利益,也关系到整个社会秩序的安宁与否。因此,离婚等身份关系诉讼案件具有强烈的公益性。正是由于身份关系诉讼案件关系到整个社会秩序的稳定,许多国家和地区都规定,涉及身份关系诉讼案件,应当依职权调查。《日本人事诉讼法》第14条"职权调查"规定:"为了维持婚姻,法院可依职权进行调查证据,并对当事人所未提出的事实加以考虑,但对于调查的事实及证据的结果,应询问当事人。"台湾地区"民事诉讼法"第575条之一规定:"法院得斟酌当事人所未提出之事实,并应依职权调查证据"。这些规定,也值得我们借鉴。同时,《证据规定》虽然没有明确身份关系诉讼案件属于依职权调查的范围,但根据《证据规定》第十五条的规定,"涉及可能有损国家利益,社会公共利益或者他人合法权益",法官可以依职权调查。在解释上,身份关系诉讼应当属于该范围之内。

(四)身份关系诉讼法官可以考虑双方未提出的事实

在一般财产诉讼中,法院不得考虑当事人未提出的事实。但在身份关系诉讼中,法院能否考虑双方未提出的事实,最高人民法院亦未规定。笔者认为,在身份关系诉讼中,法院可以考虑双方未提出的事实,并据以作为裁判的基础。如在审理离婚案件中,法官获知一方有重婚的事实或线索,尽管当事人没有提出,法官应当考虑和查清这一事实,并依法作出评判。只有这样,才有利于维护社会公序良俗,巩固婚姻家庭关系,促进社会长治久安。

在身份关系诉讼中,法院依职权考虑事实的范围如何界定,也是一个需要讨论的问题。台湾地区"民事诉讼法"第575条规定:"法院因维持婚姻或确定婚姻是否无效或不成立,得斟酌当事人所未提出之事实。"同条第2款又规定:"前项事实,于裁判前,应令当事人有辩论之机会。"可见,在台湾地区,法院依职权考虑事实的范围只限于三种情况:(1)维持婚姻的事实;(2)确认婚姻有效或无效的事实;(3)确认婚姻成立或不成立的事实。《日本人事诉讼法》也有类似规定。这些规定值得我们借鉴或参考。首先,对于涉及婚姻是否无效的事实,法院可以依职权考虑。如在审理无效婚姻时,原告甲(女)以被告乙(男)"结婚时未达到法定结婚年龄"为由诉请确认婚姻无效,法院经过审理,确认此种无效原因已经消除,被告已经达到结婚年龄。但却发现原、被告之间存在禁止结婚的亲属关系,在此情况下,法院即可考虑当事人所未提出的"禁止结婚的亲属关系"之事实,并以此为基础作出宣告原、被告之间婚姻无效的判决。又例如，原告甲（女）以被胁迫为由诉请法院撤销其与被告乙（男）之的婚姻关系，法院审理后发现并不存在胁迫行为，但却发现原告未到法定婚龄，在此情况下，法院即可依据双方所未提出的无效原因之事实为基础判决认定婚姻无效。其二，对于涉及婚姻成立或不成立的事实，法院可以依职权考虑。如原告起诉要求离婚或请求宣告婚姻无效，法院经审理发现，该婚姻根本没有成立，不存在离婚或宣告婚姻无效问题。对此，尽管当事人没有提出，法院完全可以依职权考虑，并依法宣告该婚姻不成立。其三，对于涉及维持婚姻的事实，法院也可以依职权考虑。如离婚案件，原告起诉要求离婚，被告不同意离婚，双方不能达成和好协议。而法官审理发现，原告起诉离婚完全是赌气，从法官知悉的事实看，双方感情并没有破裂。尽管这一事实被告没有提出，法官可以依职权考虑，并判决维持双方的婚姻。

这里涉及一个问题需要研究，就是解除婚姻的事实，法院能否依职权考虑？从台湾地区"民事诉讼法"第 575 条的规定来看，只有维持婚姻的事实，可以依职权考虑。解除婚姻的事实，不在依职权考虑范围之列。但我们认为，对于涉及离婚的重大事由，法官也可以依职权考虑。因为离婚诉讼属于身份关系诉讼，不论是解除婚姻或维持婚姻，都与社会利益关系巨大。对于夫妻感情确已破裂的婚姻，草草维持，有时可能会造成矛盾激化，酿成社会悲剧，或者使一方陷于绝境之中。因而，依职权考虑解除婚姻的事实，也是身份关系诉讼的本质要求。同时，从我国目前的国情来看，有许多当事人，特别是农村女当事人，缺少必要的诉讼知识，有的甚至连离婚的具体条件就不知道，只是感觉或从感性上认为婚姻过不下去了，要求离婚。因而，他们不可能向法院直接陈述符合婚姻法规定的离婚条件的事实。往往可能不达要点，忽视离婚的重要事实或关键事实；或者由于一方惧怕另一方，不敢向法院陈述自己遭受暴力或虐待的血腥事实。在这种情况下，如果法院不依职权考虑当事人未提出的事实，则有可能造成案件处理错误。因而，我们主张，对于涉及解除婚姻的事实，法院也可以职权考虑。但法院考虑解除婚姻的事实，应仅限于重大离婚事由，如重婚、严重家庭暴力或不堪同居之虐待等。如某农村妇女向法院起诉离婚，陈述离婚的理由主要是与丈夫性格不合，丈夫不会体贴和心疼她。但法官从村干部那里得知，该妇女离婚的主要原因是她的丈夫长期以来实施家庭暴力和虐待。丈夫性情暴躁，心狠手毒，该妇女多次被打伤，并不能得到治疗。在生活上，该妇女也长期受丈夫的克扣和虐待。实属不堪同居和共同生活。对此，尽管当事人没有提出，法官应当依职权考虑，并依法判决离婚。

法院依职权所考虑的当事人所未提出的事实，并不仅仅限于依据该诉讼本身所知道的事实，第三人在诉讼外的报告、因办理其他案件而得知的事实、或者由私人见闻而知悉的事实等，均可作为裁判的基础。但是，法院依职权所考虑的作为裁判基础的事实，必须在判决前向当事人宣布，以便当事人就此有辩论的机会，避免发生突袭性裁判。如果未为当事人提供此种程序保障，则该事实不得采为裁判的基础。

（五）身份关系诉讼不适用"证据失权"制度

《证据规定》第三十三条规定了举证期限，在第三十四条规定："当事人应当在举证期限内向人民法院提交证据材料，当事人在举证期限内不提交的，视为放弃举证权利"。此为"证据失权"规定。对于婚姻事件的证据，不应当受"证据失权"制度的限制。婚姻事件当事人可以随时提出新事实、新证据。实践中，对于婚姻等身份关系诉讼，法官往往按照一般诉讼的举证期限规定执行，对超过举证期限的证据，也以"证据失权"予以拒绝。这是错误的。当事人不论在何诉讼环节提出新事实、新证据，法院都应当予以接受并加以考虑，不得以超过举证期限为由而加以拒绝。

（六）身份财产诉讼准用人事诉讼法理

身份财产诉讼案件，是指以一定身份关系的存在为前提（或者以身份法关系为媒介）的财产诉讼案件。比如，夫妻财产诉讼、亲子之间财产诉讼、家长家属间财产管理，又如追索抚养费、赡养费及财产继承等，都是身份财产诉讼案件。对于身份财产诉讼案件，凡涉及以身份关系之存在与否，直接决定财产权利有无的案件，或者以身份存在为前提的财产诉讼案件，应准用人事诉讼程序之法理，参照人事诉讼的有关处理原则和程序处理。

上述几个方面是婚姻诉讼与通常诉讼最本质、最主要的区别。除此之外，婚姻诉讼案件在管辖、起诉（包括诉的变更、合并、反诉等）、当事人范围、诉讼中止和终结及其承受、调解程序、审理程序（不公开）、判决效力等方面，都有别于通常诉讼。

试论小额诉讼自认

——以民事诉讼法修订为背景

王立明*

　　小额诉讼，作为一种时代理念，具有适用范围单一化、成本低廉化、效率最大化三大价值取向，其不仅有利于正义总量在社会中的合理分配，而且有效地促进了社会和谐。2013 年 1 月 1 日，全国人民代表大会常务委员会第二十八次会议审议通过的《关于修改〈中华人民共和国民事诉讼法〉的决定》正式施行，依法确定了小额诉讼程序，开创了民事诉讼程序又一新里程碑，在一定程度上使小额诉讼程序即迅捷又简便，不仅方便了当事人的起诉、缩短了诉讼周期，而且有利于降低诉讼成本和节约司法资源。然而，在审判实践中，基层法院法官在审理小额诉讼案件时，对小额诉讼自认的正确认定还有一定难度。为此，结合我国民事诉讼法的修订，本文阐述了有关小额诉讼程序的相关理论，探讨分析了小额诉讼自认的主要类型限制自认和拟制自认，并提出了小额诉讼自认之效力，以期望对我国小额诉讼程序的完善有所裨益。

一、小额诉讼自认性质与类型

（一）小额诉讼自认的性质

　　关于小额诉讼自认的性质，在法学界与实务界有许多观点。有一种观点认为：小额诉讼自认性质是当事人一种承认，是当事人本人所作出的一种对其不利的陈述，是一种自认证据，具有免除证明、免除对方举证责任的效力，可以作为认定案件事实的基础依据。笔者赞同上述观点，理由为：

　　首先，从承认事实的角度上看，小额诉讼自认是一种当事人对其不利的陈

---

* 福建省漳州市芗城区人民法院办公室副主任。

述。在小额诉讼过程中，当事人一方对另一方关于不利于自己的陈述，在答辩中不予辩驳，而加以承认，肯定其真实性。它是当事人陈述的一种特殊形式，与确认性陈述和据理反驳形成鲜明对照。① 因此，可以把小额诉讼自认确定为当事人对其不利的陈述。

其次，从证据角度上看小额诉讼自认理应归属于证据范畴。我国民事诉讼法规定：当事人陈述为一种证据。小额诉讼自认是在小额诉讼中一种当事人的承认，其实其就是一种当事人陈述的特殊形式，应当将其视为一种当事人陈述，其是与我国民事诉讼法把当事人陈述规定为一种证据相吻合的。因此，可以将小额诉讼自认认定为一种特殊的证据，理应归属于证据的范畴。

第三，从效力的角度看小额诉讼自认的事实具有免除对方举证责任的效力。小额诉讼自认除涉及第三人的利益、公共利益和身份关系外，具有拘束法院的效力，即法院接受自认，视其承认之事实为真实。同时，小额诉讼自认事实上也具有拘束当事人的效力，即该当事人不得就其自认的事实再行争执。因此，小额诉讼自认具有免除对方举证责任的效力。

通过分析小额诉讼自认性质，我们可以看出其具有以下特征：一是小额诉讼自认必须发生于诉讼过程中。即当事人在小额诉讼过程中向独任审判员或合议庭的审判员、陪审员承认对方所主张的不利于自己的事实。需要强调的是小额诉讼上的自认必须是在法官或法庭面前作出才有效。二是小额诉讼自认必须来源于当事人对案件事实的陈述。即在内容上，小额诉讼上自认的对象永远是事实，是对方当事人主张的具体事实。三是小额诉讼自认必须与对方当事人的事实陈述一致。即自认的事实与对方当事人陈述的事实没有矛盾。四是小额诉讼自认的表示是明确的，必须为声明或者表示。② 即小额诉讼上的自认在形式上要求是"明确表示"，不能模棱两可、含糊其词。当然，默认亦是一种"明确表示"。五是小额诉讼自认具有不可分割性和不可撤销性两个基本性质。不可分割性即当事人的陈述是否为自认应当从整体上加以考究，不能断章取义。③ 不可撤销性即自认行为一经作出，即产生拘束力，不得随意撤销。

---

① 陈一云主编：《证据学》，中国人民大学出版社1991年版，第353页。
② 李国光主编：《最高人民法院〈关于民事诉讼证据的若干规定〉的理解与适用》，中国法制出版社2002年版，第116~117页。
③ 梁慧星主编：《民事证据研究》，法律出版社1999年版，第83页。

（二）小额诉讼自认的类型

小额诉讼自认的性质不仅是小额诉讼程序得以实现的载体和途径，而且影响着小额诉讼自认类型的设定。有鉴于此，本文论及的小额诉讼自认类型应该是小额诉讼程序一个重要方面的体现，其具有如下三种类型。

1. 当事人的自认和代理人的自认

当事人的自认是指当事人在小额诉讼过程中对事实的承认。包括本人和法定代理人的自认。代理人的自认是指当事人委托代理人参加小额诉讼的，代理人的承认视为当事人的承认。法定代理人的自认与本人的自认具有同样的效力。《最高人民法院关于民事诉讼证据的若干规定》第八条第三款规定："当事人委托代理人参加诉讼的，代理人的承认视为当事人的承认。但未经特别授权的代理人对事实的承认直接导致承认对方诉讼请求的除外；当事人在场但对其代理人的承认不作否认表示的，视为当事人的承认。"当事人不在场时，有特别授权的代理人的承认与当事人小额诉讼上自认具有相同的效力。当事人在场时，没有撤销或更正、否认委托代理人作出的承认，足以证明当事人是同意或不反对这一承认的，代理人的承认与当事人小额诉讼上自认具有同等效力。

2. 完全自认和限制自认

完全自认是指在小额诉讼中，一方当事人对另一方当事人主张的事实全部自认，又称无条件的自认。限制自认则是有条件的自认，是指在小额诉讼过程中，对方当事人陈述不利于该当事人的事实，该当事人在含有独立的攻击或防御的陈述事实中，其中部分事实与对方当事人陈述的部分事实或全部事实相同。

3. 明示自认和拟制自认

明示自认是指在小额诉讼中，对方当事人用口头、书面等语言形式明确作出的承认。拟制自认是指在小额诉讼中，对一方当事人主张的不利于自己的事实，另一方当事人在小额诉讼的各个阶段既未表示承认，也没有表示否认。拟制自认具有明示自认的效力，免除主张该事实的当事人的举证责任。需要强调的是：明示自认有所谓的撤销问题，拟制自认则无所谓的撤销问题，只有得予追复的问题。

二、小额诉讼限制自认与拟制自认

目前，小额诉讼当事人的自认、代理人的自认、完全自认、明示自认在法学界和审判实践中争议不大，本文着重论述小额诉讼限制自认与拟制自认。

（一）小额诉讼限制自认

小额诉讼限制自认是指在小额诉讼过程中，对方当事人陈述不利于该当事人的事实，该当事人在含有独立的攻击或防御的陈述事实中，其中部分事实与对方当事人陈述的部分事实或全部事实相同，又称为有条件的自认。本节着重论述小额诉讼限制自认的分类和牵连性否认视为自认的界定。

1. 小额诉讼限制自认分类

小额诉讼限制自认依自认的两项事实是否存在"不可避免地牵连"分为牵连性否认和可分性自认。牵连性否认是指在小额诉讼过程中，对方当事人陈述不利于该当事人的事实，该当事人基于另一事实进行独立的攻击或防御，其间又不可避免地牵连出对方当事人陈述的部分事实或全部事实。可分性自认是指在小额诉讼过程中，对方当事人陈述不利于该当事人的事实，该当事人在承认部分事实或全部事实的基础上，又以另一事实进行独立的攻击或防御，但另一事实与对方当事人陈述的部分事实或全部事实没有关联性，并不必然地牵连出对方当事人陈述的部分事实或全部事实。

2. 牵连性否认视为自认的界定

在小额诉讼实践中，对可分性的自认，双方当事人陈述一致的事实可视为自认，这在理论和审判实践中没有争议。但对牵连性否认能否视为自认，在法学界和审判实践中争议颇大，主要存在两种观点。

第一种观点认为：牵连性否认视为自认由法院结合具体案情斟酌断定之。[1] 理由为：限制自认是否可以分割，应当视具体情形而定，不宜硬性规定。并引用台湾地区"民事诉讼法"第279条第2项的规定，当事人于自认有所附加或限制者，应否视为自认，由法院审酌情形断定之。

第二种观点认为：牵连性否认构成自认。理由为：限制自认是可以分割的，当事人承认对自己不利的事实必然构成自认，陈述对自己有利的事实则应承担举证责任。

笔者不赞同上述两种观点，理由为：持第一种观点是将何种情形可以构成自认推给法官判断。其存在两个缺陷：一是形成法官的自由确定权。持该观点的人并没有去探究事物之间的本质区别，只是认为限制自认是否可以分割不做硬性规定，而应当视具体情形而定，是否视为自认则由法官酌情形断定，以致

---

① 李浩：《民事举证责任研究》，中国政法大学出版社1993年版，第208页。

形成法官的自由确定权。二是导致同案不同裁判。我国目前在法律上还未明确界定小额诉讼限制自认的性质和效力,法官断定自认没有法律依据,必然会导致同一类案件有着不同的裁判。持第二种观点缺陷就是脱离本质看现象。本文上述论述的小额诉讼自认具有不可分割性的基本特征,在小额诉讼中应当根据自认中两项事实是否具有关联性来决定是否适用自认不可分割原则,应当先确定当事人陈述的两项事实是作为一个整体,还是作为两个整体,再全盘考虑是否适用自认不可分割原则。但是,持第二种观点者不顾事物之间的内在联系,机械地把当事人陈述的事实分割成一个个的"局部",以"局部"来说明事情,其必然会导致脱离本质看现象。

笔者认为,牵连性否认只要符合判断标准、通过对事实整体全盘慎重斟酌,就可以确定其是否构成自认。具体为:一是确定判断的标准。笔者以为,判断的标准应当设定为小额诉讼限制自认涉及的两项事实是否存在"不可避免地牵连"。二是以判断的标准来界定牵连性否认是否自认。我们知道,标准是一种精确准则,以其来判断是非必然准确性较高。在小额诉讼审判实践中,以小额诉讼限制自认涉及的两项事实是否存在"不可避免地牵连"作为判断的标准会让法官看见当事人为了独立的攻击或防御,陈述对自己有利的事实,其必然会牵扯到对方当事人陈述的对自己不利的部分事实或全部事实,法官就能够判定牵连性否认是否构成自认。三是通过事实整体经过全盘考虑综合判断界定牵连性否认是否自认。牵连性的否认是指当两项事实存在"不可避免地牵连"时,限制自认的当事人陈述的两项事实本质上是在否认对方当事人陈述的对自己不利的部分事实或全部事实,缺少其中任何一项,均无法表达当事人"否认"的意思表示。因此,在审理小额诉讼案件时,法官应当把两项事实作为一个整体加以考察,使其客观完整地反映当事人"否认"的意思表示。如果是当事人"否认"的真实意思表示,该种牵连性的否认就可以认定为自认。如果将两项事实分割成两个独立的整体,只取其不利的陈述构成自认,那么该自认当然不是当事人的真实意思表示,有悖于小额诉讼自认"不可分割性"的基本特征,也就更谈不上当事人对案件事实的承认,其只能算是一种断章取义,该种牵连性的否认当然就不能认定为自认。

(二)小额诉讼拟制自认

所谓小额诉讼拟制自认,是指在小额诉讼中,对于一方当事人主张的不利于自己的事实,另一方当事人在诉讼的各个阶段既未表示承认,也未表示否认，保持沉默，视为拟制自认，也称默示自认。

1. 我国与域外拟制自认制度比较

我国与域外社会制度、立法精神虽然迥然不同，但双方对小额诉讼拟制自认都有其成熟的一面。

首先，域外法律上的拟制自认制度。一是德、日两国的民事诉讼法认为拟制自认为：对于一方当事人主张的不利于自己的事实，另一方当事人在诉讼的各个阶段既未表示承认，也没有表示否认。那么，可以将当事人未提出争执看作是承认对方所主张的于己不利的事实，可以免除主张该事实的当事人的举证责任。二是《德国民事诉讼法》规定：当事人应就事实状况为完全而真实的陈述，当事人对于对方当事人所主张的事实应为陈述，审判长应该使当事人就一切重要事实作充分说明；"没有明显争执的事实，如果从当事人的其他陈述中不能看出有争执时，即视为已经自认的事实。"三是《日本民事诉讼法》规定："当事人在言词辩论中对于对造所主张的事实，不做明确的争执时，视为对该事实已经自认。但根据全部意图可以认为对该事实有争执的，不在此限。"① 四是英美法系国家的民事诉讼中、学说和判例亦承认默示的自认。认为"一种较为复杂而又更为经常的情况是，当着某个人的面作出某种陈述，如果这种陈述是虚假的，这个人自然就会加以反驳，而他却保持沉默，'沉默即可视为同意'，这就意味着他承认了该陈述的真实性。"在英国，默示自认视其表现场合而有不同的效力。

其次，我国法律上的拟制自认制度。在我国，最高人民法院颁布的《关于民事诉讼证据的若干规定》首次肯定了默示自认。该司法解释第八条第二款规定："对一方当事人陈述的事实，另一方当事人既未表示承认也未否认，经审判人员充分说明并询问后，其仍不明确表示肯定或者否定的，视为对该项事实的承认。"此前，我国民事诉讼法和最高人民法院的司法解释也只承认明示的自认。

2. 拟制自认视为自认的界定

在小额诉讼审判实践中，关于拟制自认视为自认的界定，在法学界与实务界有许多观点。第一种观点认为：法官遇到当事人在小额诉讼中保持沉默，或者回答不知道或不记得了，经法官阐明后，仍不予回答，保持沉默，或者仍回

---

① 李浩：《民事举证责任研究》，中国政法大学出版社1993年版，第211~212页。

答不知道或不记得，法官应当认定其是一种拟制自认，可以直接认定为当事人自认，免除对方当事人对该事实的举证责任。第二种观点认为：法官应在小额诉讼法庭辩论终结前再斟酌具体情形断定之。① 本文赞同第二种观点。理由如下：

首先，第一种意见导致小额诉讼判决结果不公平。第一种观点虽然与《最高人民法院关于民事诉讼证据若干规定》第八条第二款的规定相符合，但是其并没有考虑到小额诉讼当事人本身素质的问题，可能因为其法律知识的欠缺而不能正确分辨对方主张的事实中哪些将会给自己带来严重的不利后果，不能及时地表示否认。虽然规定了法官应当进行充分的说明，并询问当事人，但是在小额诉讼中法官所作的必要说明，并不能从根本上解决问题。即便法官作了充分的说明并询问，当事人回答不知道或不记得，也有可能是真实的，如贸然地确定其为拟制自认，必会产生不公平的判决结果。

其次，第二种观点比较合理、恰当。一是是从日常生活经验来看，当事人不知道或不记得是可能存在的，不能一概推定其有默示就是拟制自认。对于小额诉讼当事人所经历过的事，时间没有多久，应当为其所记忆或可能记忆，则可推定其是假装不知道或不记得。法官在小额诉讼法庭辩论终结前依据案件具体情况与情形斟酌作出的断定拟制自认是否视为自认是较合理的。二是当事人在小额诉讼中保持沉默有时是基于自身素养及法律知识的欠缺，无法对诉讼中复杂的事实作出正确的判断，难以区分对方主张的哪些事实将会给自己产生严重的不利后果，难以作出回答。因此，法官在小额诉讼法庭辩论终结前经过斟酌案件的具体情形作出的断定拟制自认是否视为自认是较恰当的。

三、小额诉讼自认效力

小额诉讼自认的效力在于直接免除对方当事人的举证责任。当然，当事人对经过对方承认的事实不负举证责任并不是绝对的，在若干性质特别的案件或者特别诉讼程序中，则受到限制。本文主要论述一般小额诉讼自认的效力、小额诉讼自认效力的限制、一般小额诉讼自认的撤回。

（一）一般小额诉讼自认的效力

1. 小额诉讼自认对自认的当事人具有绝对的拘束力。从法理上说，小额诉讼自认发生举证责任转移的后果，具有不可撤销性，使自认的当事人无法为

---

① 李浩：《民事举证责任研究》，中国政法大学出版社 1993 年版，第 211~212 页。

反对的主张，也没有提出反证的可能性。因此，小额诉讼自认对自认的当事人发生直接、绝对的拘束力。

2. 法院对当事人自认可以作为裁判的依据。笔者以为，小额诉讼自认的结果是使双方当事人的主张趋于一致，法院应当以该一致的主张作为裁判的依据，无需另行调查证据。比如在小额诉讼买卖合同案件中，原告主张被告应按照签订的合同履行给付货款的义务，被告对双方签订的合同没有异议，但认为原告提供的货物存在缺陷拒绝付款。但只要双方当事人对所签订的合同没有异议，法院就可以对双方所签订的合同的真实性予以确认。因此，当事人自认可以作为法院裁判的依据。

（二）小额诉讼自认效力的限制

为了维护社会公共利益，在若干性质特别的案件或者特别诉讼程序中，比如涉及身份关系、公共利益的案件，小额诉讼自认的效力则受到法律的限制。本文以为，涉及身份关系、公共利益、国家利益的案件不适用小额诉讼自认。理由如下：

首先，涉及身份关系的小额诉讼案件范围广。比如涉及身份关系的小额诉讼案件就包括离婚之诉、宣告婚姻无效之诉、撤销婚姻之诉、收养无效之诉、撤销收养之诉、终止收养关系之诉、认领子女无效之诉、否认子女之诉等，其往往出现人身关系不明确、财产确权争议大等特点，一旦适用小额诉讼自认，其判决结果会出现不公正的一面。

其次，涉及身份关系的小额诉讼自认是一般性证据。由于小额诉讼自认案件涉及到婚姻、收养关系是否成立，对于上述的事实，自认并无绝对的证据力，单凭当事人的自认是无法确认案件的真实情况。对当事人自认的理由是否成立，法官还需要依照法律规定必要时依职权进行调查，只有通过法律授予职权调查的证据并参照当事人自认，才是法官裁判的重要依据。因此，当事人自认证据只能成为一般性证据。

第三，小额诉讼一审终审制决定了小额诉讼自认证据效力受到限制。全国人民代表大会常务委员会第二十八次会议审议通过的《关于修改〈中华人民共和国民事诉讼法〉的决定》规定小额诉讼实行一审终审制，小额诉讼当事人的诉讼救济途径只能依靠再审程序。鉴于此，法官在审理小额诉讼案件时，对涉及身份关系等特殊民事案件的当事人自认证据，应当慎重认定，不能简单认定当事人自认成立。因此，涉及身份关系等特殊小额诉讼民事案件的当事人自认效力受到一定限制。

（三）一般小额诉讼自认的撤回

笔者以为，一般小额诉讼民事案件，当事人自认一经作出不得撤回，对法院和当事人都产生相应的拘束力。理由为：

首先，对法院而言，法院的判决必须受到当事人自认事实的约束。

其次，对当事人而言，依照诚实信用原则，作出自认的当事人不得随意撤回自认或再作出相反的主张。

第三，小额诉讼当事人自认不得撤回符合法律规定。《最高人民法院关于民事诉讼证据的若干规定》第八条第四款规定："当事人在法庭辩论终结前撤回承认并经对方当事人同意，或者有充分证据证明其承认行为在受胁迫或者重大误解情况下作出且与事实不符的，不能免除对方当事人的举证责任。"依据上述规定，作为证据的当事人自认一经作出便不得撤回。

第四，外国法规定小额诉讼当事人自认撤回需要附加一定的条件。《德国民事诉讼法》第二百九十条规定："当事人撤回其在审判上的自认，只限于他证明自认与真实不符，而且其自认是由于错误而发生的时，其撤回才影响自认的效力。在这种情形，自认失其效力。"① 依据上述规定，小额诉讼当事人自认不得随意撤销，其撤回需要附加一定的条件。

综上所述，小额诉讼自认是一种当事人对其不利的陈述，因其类型的多样化，涉及给付行为、身份关系、公共利益等多方面，只有科学的探讨其途径方法并正确适用之，才能真正体现司法公正，实现保护当事人合法权益的目标。笔者相信，通过探讨小额诉讼自认的相关理论，必将有效推进我国小额诉讼程序的实施。

民事法律文件解读

---

① 李浩：《民事举证责任研究》，中国政法大学出版社1993年版，第217页。

原告陈朱法诉被告陈国民民间借贷纠纷案[①]

谢朝宏[*]

一、案情简介

原告：陈朱法。

被告：陈国民。

2008 年 3 月 15 日，被告陈国民向原告陈朱法借款人民币 100 000 元，并出具借条一份，徐国峰在担保人一栏签名确认。后徐国峰向被告陈国民出具收条一份，载明：今收陈国民人民币壹拾万元正（100 000）元。备注（陈朱法壹拾万元正），落款日期为 2008 年 3 月 15 日。

另查明徐国峰原系原告陈朱法女儿陈福珍的丈夫，后双方于 1999 年 6 月 9 日离婚。

原告陈朱法起诉称：2008 年 3 月 15 日，被告陈国民声称经营需要，向原告借款人民币 100 000 元，并出具借条一份，徐国峰在担保人一栏签名确认。后原告多次向被告催讨无果，故向法院起诉，要求被告陈国民归还借款人民币 100 000 元。

被告陈国民答辩称：1. 原告陈朱法与被告陈国民互不相识，2008 年 3 月 15 日上午，被告需要借款，叫原告的女婿徐国峰陪其到原告家中，在徐国峰

---

① 浙江省宁波市镇海区人民法院（2012）甬镇商初字第 157 号；浙江省宁波市中级人民法院（2012）浙甬商终字第 690 号。

* 浙江省宁波市镇海区人民法院民三庭。

同意担保的情况下原告借给被告人民币 100 000 元，被告出具了借条，徐国峰作为担保人签字。2. 这笔钱是案外人徐新德托被告借的，后徐新德不需要这笔钱，故被告吃过晚饭后打电话给徐国峰，让徐国峰把钱还给原告，徐国峰拿走钱后出具收条，注明是陈朱法的 100 000 元。徐国峰是原告陈朱法的女婿，原告相信徐国峰才借款 100 000 元给被告，被告将 100 000 元还给原告女婿徐国峰也是正当的，被告有理由相信钱交给徐国峰后，徐国峰已把钱还给了原告，徐国峰的行为构成表见代理，故被告已归还原告借款。3. 被告还款后，徐国峰拿来一张借条，被告没看清是原件还是复印件就撕掉了。原告陈述自己从未将借条给过其他人，没有复印过，但被告确实拿到过借条的复印件，说明这张借条复印件是原告充当借条原件给徐国峰，让徐国峰转交给被告的，原告应承担相应的后果，应认定被告已归还借款。综上，被告要求驳回原告的诉讼请求。

二、审判

宁波市镇海区人民法院审理认为，本案的争议焦点为被告陈国民是否已归还原告陈朱法 100 000 元借款？镇海法院认定被告陈国民没有归还原告陈朱法借款，理由如下：1. 当事人对自己提出的诉讼请求所依据的事实或者反驳对方诉讼请求所依据的事实有责任提供证据加以证明。没有证据或者证据不足以证明当事人的事实主张的，由负有举证责任的当事人承担不利后果。原、被告双方对被告陈国明向原告陈朱法借款 100 000 元均无异议，被告陈国民提出自己已归还原告借款，有责任提供证据予以证明。但被告提供的徐国峰出具的收条仅能证明徐国峰收到过被告 100 000 元，徐国峰既不是出借人，出借人陈朱法也没有授权徐国峰代领还款，且原告和徐国峰均否认徐国峰已将 100 000 元交给原告，故本院对该收条的关联性不予认定，本院认为被告提供的现有证据不足以证明被告已归还原告借款；2. 假如被告已向原告还款，依常理被告应收回或销毁借条，或者由原告出具收到还款的收条，但被告却让担保人徐国峰出具收条，不符合常理；3. 法律规定，表见代理必须符合"第三人有理由相信行为人有代理权"的条件。徐国峰虽曾为陈朱法女婿，但被告向原告借款时徐国峰已和原告女儿离婚多年，被告向原告借款时徐国峰只是作为担保人，并非原告的委托代理人，不足以让被告相信徐国峰拥有代原告领取还款的代理权，故徐国峰的行为不构成表见代理。徐国峰无代理权，其自行在自己出具的收条上备注"陈朱法壹拾万元正"对原告陈朱法并无法律上的约束力；4. 原告无法预见徐国峰将借条复印件拿给被告陈国民，被告也未提供任何证据证明是原告本人把借条复印件冒充原件给徐国峰，让徐国峰转交给被告，且被告是完全民事行为能力人，根据其职业背景，在经过这么长时间之后才拿到借条时，理应有能力分清借条原件和复印件，原告对此没有过错，不应承担法律责任。

综上，镇海法院认为，原、被告之间存在借款合同关系。被告陈国民具条确认借款事实，依法应当承担还款责任。因双方未约定还款期限，原告可以随时向被告主张债权，并要求被告在合理期限内返还。原告诉请，理由正当，本院依法予以支持。依照《中华人民共和国合同法》第二百零六条、《最高人民法院关于民事诉讼证据的若干规定》第二条之规定，判决如下：

被告陈国民返还原告陈朱法借款人民币 100 000 元，于本判决生效之日起十日内履行完毕。

如果未按本判决指定的期间履行给付金钱义务，应当依照《中华人民共和国民事诉讼法》第二百二十九条之规定，加倍支付迟延履行期间的债务利息。

本案案件受理费 2 300 元，由被告陈国民负担，于本判决生效之日起十日内向本院交纳。

本案判决后，被告陈国民提起上诉，宁波市中级人民法院作出驳回上诉，维持原判的判决。

[评析]

债务人与保证人未经债权人
同意达成债务转移协议的效力

本案的争议焦点为：保证人出具收条确认收到债务人还款的行为对债权人是否有法律上的约束力？笔者认为应从以下几方面分析：

一、保证人徐国峰的行为是否构成表见代理

表见代理是指无权代理人的代理行为，因善意相对人有理由相信行为人有代理权，对本人仍然产生代理效力的代理制度。表见代理制度始于《德国民法典》，其立法目的就在于维护善意第三人的利益和交易安全。我国民法通则并未承认表见代理制度，直到合同法才第一次在立法上确

民事法律文件解读

立了该制度。《中华人民共和国合同法》第四十八条规定：行为人没有代理权、超越代理权或者代理权终止后以被代理人名义订立合同，相对人有理由相信行为人有代理权的，该代理行为有效。根据该条规定，表见代理必须以下法定条件：（1）行为人实际无代理权；（2）客观上有使相对人相信无权代理人有代理权的正当理由；（3）相对人主观上善意且无过错。只有符合这三个条件，无权代理人的行为才构成表见代理，该行为对本人有效。

就本案而言，被告陈国民辩称徐国峰是债权人陈朱法的女婿，被告借款是通过徐国峰介绍的，被告陈国民有理由相信徐国峰有权代债权人陈朱法接收借款，徐国峰的行为构成了表见代理。笔者认为，法院确认无权代理人的行为是否构成表见代理，最关键在于确认是否存在客观上使相对人相信无权代理人有代理权的正当理由。由于合同法规定得比较抽象，需要法官依靠生活经验和常识予以认定。实践中的表见代理分为以下三种类型：（1）越权行为型表见代理：表见代理人具有本人的授权，但在实施过程中超越了权限；（2）授权行为延续型表见代理：代理权曾一度享有，但后被撤回或因代理期限届满等其他原因消灭，而本人的行为仍然足

以让相对人相信代理权依旧存在，进而构成表见代理；（3）授权行为表象型表见代理：行为人从始至终没有代理权，本人以自己行为给相对人造成代理人授权表现的表见代理。

本案原告陈朱法和被告陈国民都承认徐国峰从始至终没有获得代原告收取还款的代理权，故徐国峰的行为肯定不属于前两种类型，那是否构成第三种类型，即原告以自己行为给相对人陈国民造成代理人授权表现的表见代理呢？笔者认为不构成，理由为：（1）授权行为表象型表见代理明确规定必须是本人作出一定的行为让相对人相信行为人有代理权。本案被告向原告借款时，徐国峰只是介绍人，并非原告的委托代理人，且原告还要求徐国峰作为保证人签字，徐国峰应对被告的还款义务承担连带责任，原告以自己行为表示了根本不可能授权徐国峰收取还款；（2）徐国峰与原告陈朱法女儿已离婚多年，其与原告之间已无任何亲戚关系，在此次借款中也只是以借款人和保证人的身份出现，被告陈国民作为具有民事行为能力的人，依靠日常生活经验也根本无法得出徐国峰有代理权的结论；（3）被告陈国民上诉时承认被告和徐国峰私下约定由徐国峰代替自己归还原告借款，可见被告对徐国峰没有代理权是明知的，却仍然让陈国

峰出具收到还款的收条，被告在主观
上存在恶意和过错，不符合表见代理
关于相对人必须主观上善意且无过错
的构成要件。综上，徐国峰的行为完
全不符合表见代理的定义和构成要
件，不构成表见代理行为，其自行在
自己出具的收条上备注收到原告陈朱
法借款的行为对原告无法律上的约束
力，不能认定被告陈国民已归还
借款。

**二、债务人和保证人约定由保证
人代替债务人归还借款的行为是否构
成债务承担**

保证人徐国峰和债务人陈国民均
承认双方约定由徐国峰代替陈国民归
还原告陈朱法的 10 万元借款，保证
人徐国峰也确实依照该约定一直向原
告支付利息。那保证人和债务人的此
项约定是否构成债务承担，从而导致
债务人陈国民脱离债务关系，不需再
向陈朱法承担还款义务？要回答这个
问题，必须对债务承担的定义进行分
析。所谓债务承担，是指债务人将合
同的义务全部或部分转移给第三人承
担，它分为免责的债务承担与并存的
债务承担。所谓免责的债务承担，是
指债权人或者债务人与第三人之间达
成转移债务的协议，由第三人取代原
债务人承担全部债务。并存的债务承

担，是指原债务人并不脱离债务关
系，而第三人又加入了债务关系，与
债务人共同承担债务。《中华人民共
和国合同法》第八十四条规定：债
务人将合同的义务全部或者部分转移
给第三人的，应当经债权人同意。根
据该条的规定，在我国，无论是免责
的债务承担还是并存的债务承担，都
应当征得债权人的同意。就本案而
言，债务人陈国民和保证人徐国峰私
下达成将 10 万元债务转移给保证人
徐国峰的协议，原告对此根本一无所
知，更谈不上同意了，故陈国民和徐
国峰私下转让债务的行为不构成债务
承担，对债权人陈朱法不发生法律效
力，被告陈国民并不能脱离债的关
系，仍需承担还款责任。

综上，笔者认为，原告陈朱法和
被告陈国民对被告向原告借款 10 万
元的事实均无异议，陈国民提出已经
归还陈朱法借款，有责任提供证据予
以证明，但陈国民提供的收条仅能证
明徐国峰收到陈国民 10 万元，不能
证明陈国民已归还借款。保证人徐国
峰代出收条的行为不构成表见代理，
徐国峰和陈国民私下转移债务的行为
也不构成债务承担，故陈国民仍需承
担还款义务。

民事法律文件解读

[最新立法、司法动态]

中华人民共和国环境保护法修正案（草案）（第二次审议稿）

一、将第一条修改为："为保护和改善环境，防治污染和其他公害，保障人体健康，推进生态文明建设，促进经济社会可持续发展，制定本法。"

二、将第四条修改为："保护环境是国家的基本国策。

"国家采取有利于节约和循环利用资源、保护和改善环境质量、促进人与自然和谐的经济、技术政策和措施，使经济社会发展与环境保护相协调。"

三、增加一条，作为第五条："环境保护坚持保护优先、预防为主、综合治理、公众参与、污染者担责的原则。"

四、将第六条修改为："一切单位和个人都有保护环境的义务。

"地方各级人民政府应当对本行政区域的环境质量负责。

"企业事业单位和其他生产经营者应当防止、减少环境污染，承担污染环境、破坏生态的责任。

"公民应当增强环境保护意识，自觉履行保护环境的义务。"

五、将第五条改为第七条，修改为："环境保护依靠科学技术进步。国家支持环境保护科学技术的研究、开发和应用，鼓励环境保护产业的发展，促进环境保护信息化建设，提高环境保护科学技术水平。"

六、增加一条，作为第八条："各级人民政府应当加强环境保护宣传，鼓励基层群众性自治组织、社会组织开展环境保护法律、法规以及环境保护知识的宣传工作，营造保护环境的良好风气。

"教育行政部门、学校应当将环境保护知识纳入学校教育内容，培养青少年的环境保护意识。

"新闻媒体应当开展环境保护法律、法规以及环境保护知识的宣传，对环境违法行为进行舆论监督。"

七、将第七条改为第九条，修改为："国务院环境保护行政主管部门，对全国环境保护工作实施统一监督管理；县级以上地方人民政府环境保护行政主管部门，对本行政区域环境保护工作实施统一监督管理。

"县级以上人民政府有关部门和军队环境保护部门，依照有关法律的规定对资源保护和环境污染防治实施监督管理。"

八、将第十二条改为第十一条，修改为："县级以上人民政府应当将环境保护工作纳入国民经济和社会发展规划。

"国务院环境保护行政主管部门会同国务院有关部门，根据国民经济和社会发展规划编制国家环境保护规划，报国务院批准并公布实施。

"国家环境保护规划的内容应当包括自然生态保护和环境污染防治的目标、主要任务、保障措施等。

"县级以上地方人民政府环境保护行政主管部门，会同有关部门对管辖范围内的环境状况进行调查和评价，依据国家环境保护规划的要求，拟订本行政区域的环境保护规划，报同级人民政府批准并公布实施。

"环境保护规划应当与全国主体功能区规划、土地利用总体规划和城乡规划等相衔接。"

九、将第九条改为第十二条，增加一款，作为第三款："国家鼓励开展环境基准研究。"

十、将第十一条改为第十四条，修改为："国务院环境保护行政主管部门会同有关部门，建立、健全环境监测制度，制定监测规范，组织监测网络，建立环境信息共享机制，加强对环境监测的管理。

"国家环境质量监测站（点）由国务院环境保护行政主管部门会同有关部门统一规划设置。重点污染源排放监测站（点）由环境保护行政主管部门统一设置。有关行业环境质量监测站（点）的设置应当符合有关法律、法规规定和监测规范的要求。

"从事环境监测工作，应当遵守监测规范。监测机构应当使用符合国家标准的监测设备，监测机构负责人对监测数据的真实性和准确性负责。"

十一、将第十三条改为第十五条，修改为："编制有关开发利用规划，建设对环境有影响的项目，应当依法进行环境影响评价。

"未依法进行环境影响评价的建设项目，不得开工建设。"

十二、将第十五条改为第十六条，修改为："跨行政区的环境污染和生态破坏的防治工作，由有关地方人民政府协商解决，或者由上级人民政府协调解决。

"国家建立跨行政区重点区域、流域环境污染和生态破坏联合防治协调机制，实行统一规划、统一监测，实施统一的防治措施。

"实施联合防治的重点区域、流域由国务院环境保护行政主管部门会同国务院有关部门和有关省、自治区、直辖市人民政府确定，报国务院批准。"

十三、增加一条，作为第十七条："企业事业单位和其他生产经营者，在污染物排放已经达标的基础上，通过采取技术改造等措施，进一步减少污染物排放的，以及按照产业结构和城乡规划布局调整的要求关闭、搬迁、转产的，人民政府应当依法采取财政、价格、信贷、政府采购等方面的政策和措施予以支持。"

十四、将第十四条改为第十八条，修改为："县级以上人民政府环境保护行政主管部门或者其他依照法律规定行使环境监督管理权的部门，有权对管辖范围内排放污染物的企业事业单位和其他生产经营者进行现场检查。被检查的单位应当如实反映情况，提供必要的资料。检查机关应当为被检查的单位保守技术秘密和业务秘密。

"根据现场检查目的，可以检查以下内容：

"（一）防治污染设施的建设和运行；

"（二）污染物排放和监测记录；

"（三）环境保护责任制；

"（四）限期治理计划的实施；

"（五）突发环境事件应急预案的制定和演练；

"（六）法律、法规规定的其他需要检查的内容。"

十五、增加一条，作为第十九条："国家实行环境保护目标责任制和考核评价制度。国务院和地方人民政府将环境保护目标完成情况作为对本级人民政府环境保护行政主管部门及其负责人和下级人民政府及其负责人的考核内容。考核结果应当向社会公开。

"上级人民政府及其环境保护行政主管部门应当加强对下级人民政府及其有关部门环境保护工作的监督检查。发现有关工作人员有违法行为，依法应当给予行政处分的，应当向其任免机关或者监察机关提出处分建议。

"依法应当给予行政处罚，而有关环境保护行政主管部门不给予行政处罚的，上级人民政府环境保护行政主管部门有权责令其作出行政处罚决定或者建议有关人民政府责令其给予行政处罚。"

十六、增加一条，作为第二十条："县级以上人民政府应当定期向本级人民代表大会常务委员会报告本行政区域环境状况和环境保护目标的完成情况；县级以上地方人民政府对本行政区域发生的重大环境事件应当及时向本级人民代表大会常务委员会提出专项报告，依法接受监督。"

十七、将第十六条改为第二十一条，修改为："地方各级人民政府，应当采取措施改善环境质量。

"未达到国家环境质量标准的重点区域或者流域的有关地方人民政府，应当制定限期达标规划，并采取措施按期达标。"

十八、将第十九条改为第二十三条，修改为："开发利用自然资源，应当合理开发，保护生物多样性，保障生态安全，依法制定有关生态环境保护和恢复治理方案并予实施。

"引进外来物种以及研究、开发和利用生物技术，应当采取有效措施，防止对生物多样性的破坏。"

十九、增加一条，作为第二十四条："国家建立、健全生态保护补偿机制。"

二十、将第二十条改为第二十五条，修改为："各级人民政府应当加强对农业环境的保护，促进农业环境保护新技术的使用，加强对农业污染源的监测预警，统筹有关部门采取措施，防治土壤污染、土地沙化、盐渍化、贫瘠化、沼泽化、地面沉降和防治植被破坏、水土流失、水源枯竭、种源灭绝以及其他生态失调现象的发生和发展，推广植物病虫害的综合防治。

"县级人民政府应当提高农村环境保护公共服务水平，推动农村环境综合整治。"

二十一、增加一条，作为第二十九条："国家鼓励和引导公民使用节能、节水、节材和有利于保护环境的产品及再生产品，减少废弃物的产生。

"地方人民政府应当采取措施推动对生活废弃物的分类处置、回收利用。公民应当对生活废弃物进行分类。"

二十二、将第二十四条改为第三十条，修改为："排放污染物的企业事业单位，应当建立环境保护责任制度，明确单位负责人的责任；依法采取有效措施，防治在生产建设或者其他活动中产生的废气、废水、废渣、粉尘、恶臭气体、放射性物质以及噪声、振动、电磁波辐射等对环境的污染。

"严禁通过暗管、渗井、渗坑、高压灌注或者以其他逃避监管的方式排放污染物。

"重点排污单位应当按照国家有关规定和监测规范安装使用监测设备，对其所排放的污染物进行监测，并保存原始监测记录。"

二十三、将第二十七条和第二十八条改为第三十三条，修改为："排放污染物的企业事业单位和其他生产经营者，应当对其排放污染物的行为承担责任，按照国家有关规定缴纳排污费。排污费必须全部专项用于环境污染防治，任何单位和个人不得截留、挤占或者挪作他用。"

二十四、增加一条，作为第三十四条："国家实行重点污染物排放总量控制制度。重点污染物排放总量控制指标由国务院下达，省级人民政府负责分解落实。企业事业单位在执行国家和地方污染物排放标准的同时，应当遵守重点污染物排放总量控制指标。

"对超过国家重点污染物排放总量控制指标的地区，国务院和省、自治区、直辖市人民政府环境保护行政主管部门应当暂停审批新增重点污染物排放总量的建设项目环境影响评价文件。"

二十五、增加一条，作为第三十五条："国家依照法律规定实行排污许可管理制度。"

二十六、将第二十九条改为第三十六条，修改为："企业事业单位排放污染物超过国家或者地方排放标准，或者超过重点污染物排放总量控制指标的，有关人民政府或者部门应当作出限期治理的决定，责令其限制生产、排放或者停产整治。

"被责令限期治理的企业事业单位应当制定限期治理计划并组织实施。限期治理计划应当包括：

"（一）技术改造、污染治理的可行性研究报告，产品更新和淘汰的计划等；

"（二）相关资金安排和落实情况；

"（三）限期治理时序安排和完成目标的最后期限。

"限期治理计划应当报送环境保护行政主管部门和行业主管部门备案，接受监督。限期治理的企业事业单位必须如期完成治理任务。"

二十七、将第三十一条和第三十二条改为第三十八条，修改为："各级人民政府及其有关部门和企业事业单位，应当依照《中华人民共和国突发事件应对法》的规定，做好突发环境事件的应急准备、应急处置和事后恢复等工作。

"各级人民政府及其有关部门应当依法加强环境风险控制，在应对突发环境事件时应当在抢险、救援、处置过程中采取必要措施，避免或者减少对环境造成损害。

"企业事业单位应当按照国家有关规定制定突发环境事件应急预案，报环境保护行政主管部门和有关部门备案。在发生或者可能发生环境事件时，企业事业单位必须立即采取措施处理，及时通报可能受到危害的单位和居民，并向当地环境保护行政主管部门和有关部门报告，接受调查处理。

"突发环境事件应急处置工作结束后，有关人民政府应当及时组织评估事件造成的环境影响和损失，并及时将评估结果向社会公布。"

二十八、增加一条，作为第四十一条："各级人民政府及其农业等有关部门和机构应当指导农业生产者科学种植和养殖，合理施用肥料、农药及处置农业废弃物等，防止农业源污染环境。

"禁止将不符合国家和地方农用及环境保护标准的固体废物和废水施入农田。施用农药、肥料等农业投入品及进行灌溉，应当采取有效措施，防止重金属及其他有毒有害物质污染环境。

"畜禽养殖场、养殖小区、定点屠宰企业等选址、建设和管理应当符合国家有关法律、法规规定，采取有效措施，对畜禽粪便、尸体、污水等废弃物进行科学处置，防止污染环境。

"县级人民政府负责组织农村生活废弃物的处置工作。

"各级人民政府应当在财政预算中安排资金，支持农村饮用水水源地保护、生活污水和其他废弃物处理、畜禽养殖和屠宰污染防治、土壤污染防治和历史遗留的农村工矿污染治理等环境保护工作。"

二十九、增加一条，作为第四十二条："各级人民政府应当统筹城乡建设污水处理设施及配套管网，固体废物的清扫、收集、运输和处理等环境卫生设施，危险废物集中处置设施、场所以及其他环境保护公共设施，并保障其正常运行。"

三十、增加一章，作为第五章，章名为"环境信息公开和公众参与"，内容为第四十三条至第四十八条。

三十一、增加一条，作为第四十三条："公民、法人和其他组织依法享有获取环境信息、参与和监督环境保护的权利。

"各级人民政府及其有关部门应当依法公开环境信息、完善公众参与程序，为公民、法人和其他组织参与和监督环境保护提供便利。"

三十二、增加一条，作为第四十四条："国务院环境保护行政主管部门统一发布国家环境质量、重点污染源监测信息及其他重大环境信息。省级以上人民政府环境保护行政主管部门定期发布环境状况公报。

"县级以上人民政府及其环境保护等有关部门，应当依法公开环境质量、环境监测、突发环境事件以及环境行政许可、行政处罚、排污费的征收和使用、环境质量限期达标情况、污染物排放限期治理情况等信息。

"公民、法人和其他组织，可以依照国家有关规定向县级以上人民政府及其环境保护等有关部门申请获取环境信息。"

三十三、增加一条，作为第四十五条："重点排污单位应当向社会公开其主要污染物的名称、排放方式、排放浓度和总量、超标情况，以及污染防治设施的建设和运行情况。"

三十四、增加一条，作为第四十六条："对依法应当编制环境影响报告书的建设项目，建设单位应当在编制时向公众说明情况，征求意见。

"环境保护行政主管部门在收到建设项目环境影响报告书后，除涉及国家秘密和商业秘密的事项外，应当予以公开。发现建设项目未充分征求公众意见的，应当责成建设单位征求公众意见。"

三十五、增加一条，作为第四十七条："公民、法人和其他组织有权对污染环境和破坏生态的单位和个人向环境保护行政主管部门或者其他有关部门检举和控告。

"公民、法人和其他组织发现人民政府及其环境保护行政主管部门或者其他有关部门不依法履行环境监督管理职责，或者有违法批准环境影响评价文件等行为的，可以向其上级人民政府或者监察机关举报。"

三十六、增加一条，作为第四十八条："对污染环境、破坏生态，损害社会公共利益的行为，中华环保联合会以及在省、自治区、直辖市设立的环保联合会可以向人民法院提起诉讼。"

三十七、增加一条，作为第四十九条："企业事业单位违法排放污染物，受到罚款处罚，被责令限期改正，逾期不改正的，依法作出处罚决定的行政机关可以按照原处罚数额按日连续处罚。"

三十八、增加一条，作为第五十条："企业事业单位和其他生产经营者通过暗管、渗井、渗坑、高压灌注或者以其他逃避监管的方式排放污染物，构成犯罪的，依法追究刑事责任；尚不构成犯罪的，对其直接负责的主管人员和其他直接责任人员，依照《中华人民共和国治安管理处罚法》第三十条的规定予以处罚。"

三十九、将第三十九条改为第五十一条，修改为："对逾期未完成限期治理任务的企业事业单位，可以在报经有批准权的人民政府批准后责令停业、关闭。"

四十、增加一条，作为第五十二条："建设单位未依法提交建设项目环境影响评价文件，擅自开工建设的，由环境保护行政主管部门责令停止建设，处以罚款，并可以责令恢复原状。"

四十一、增加一条，作为第五十三条："违反本法规定，企业事业单位不公开或者不按照规定公开信息的，由县级以上地方人民政府环境保护行政主管部门处以一万元以上十万元以下罚款，并代为公开。"

四十二、将第四十一条改为第五十四条，修改为："因污染环境造成损害的，依法承担侵权责任。

"当事人因污染环境的赔偿责任和赔偿金额发生纠纷，可以请求环境保护行政主管部门或者其他依照法律规定行使环境监督管理权的部门调解；调解不成的，可以向人民法院起诉。当事人也可以直接向人民法院起诉。"

四十三、将第四十五条改为第五十七条，修改为："各级人民政府及其有关部门有下列行为之一的，对直接负责的主管人员和其他直接责任人员给予记过、记大过或者降级处分；造成严重后果的，给予撤职或者开除处分；其主要负责人应当引咎辞职：

"（一）不符合行政许可条件给予行政许可的；

"（二）对环境违法行为进行包庇的；

"（三）依法应当作出限期治理或者责令停业、关闭的决定而未作出的；

"（四）接到公民、法人或者其他组织举报违反本法规定超标排放污染物、造成环境事件、不正常运行防治污染设施以及不落实生态保护措施造成生态破坏等行为，未及时查处的；

"（五）伪造或者指使伪造监测数据的；

"（六）应当依法公开环境信息而不公开的；

"（七）将征收的排污费或者环境保护专项资金截留、挤占或者挪作他用的；

"（八）法律、法规规定的其他行为。"

四十四、将第四十三条改为第五十八条，修改为："违反本法规定，构成犯罪的，依法追究刑事责任。"

四十五、删去第十八条、第三十五至第三十八条、第四十条、第四十六条。

此外，对条文顺序作了相应调整。

本修正案自　年　月　日起施行。

《中华人民共和国环境保护法》根据本修正案作相应的修改，重新公布。

附件：《中华人民共和国环境保护法》修改前后对照表

附件：

《中华人民共和国环境保护法》
修改前后对照表（草案·二次审议稿）

现 行 法	二次审议稿
第一章 总 则	**第一章 总 则**
第一条 为保护和改善生活环境与生态环境，防治污染和其他公害，保障人体健康，促进社会主义现代化建设的发展，制定本法。	**第一条** 为保护和改善环境，防治污染和其他公害，保障人体健康，推进生态文明建设，促进经济社会可持续发展，制定本法。
第二条 本法所称环境，是指影响人类生存和发展的各种天然的和经过人工改造的自然因素的总体，包括大气、水、海洋、土地、矿藏、森林、草原、野生生物、自然遗迹、人文遗迹、自然保护区、风景名胜区、城市和乡村等。	**第二条** 本法所称环境，是指影响人类生存和发展的各种天然的和经过人工改造的自然因素的总体，包括大气、水、海洋、土地、矿藏、森林、草原、野生生物、自然遗迹、人文遗迹、自然保护区、风景名胜区、城市和乡村等。
第三条 本法适用于中华人民共和国领域和中华人民共和国管辖的其他海域。	**第三条** 本法适用于中华人民共和国领域和中华人民共和国管辖的其他海域。
第四条 国家制定的环境保护规划必须纳入国民经济和社会发展计划，国家采取有利于环境保护的经济、技术政策和措施，使环境保护工作同经济建设和社会发展相协调。	**第四条** 保护环境是国家的基本国策。 国家采取有利于节约和循环利用资源、保护和改善环境质量、促进人与自然和谐的经济、技术政策和措施，使经济社会发展与环境保护相协调。

现 行 法	二次审议稿
	第五条 环境保护坚持保护优先、预防为主、综合治理、公众参与、污染者担责的原则。
第六条 一切单位和个人都有保护环境的义务，并有权对污染和破坏环境的单位和个人进行检举和控告。	**第六条** 一切单位和个人都有保护环境的义务。 地方各级人民政府应当对本行政区域的环境质量负责。 企业事业单位和其他生产经营者应当防止、减少环境污染，承担污染环境、破坏生态的责任。 公民应当增强环境保护意识，自觉履行保护环境的义务。
第五条 国家鼓励环境保护科学教育事业的发展，加强环境保护科学技术的研究和开发，提高环境保护科学技术水平，普及环境保护的科学知识。	**第七条** 环境保护依靠科学技术进步。国家支持环境保护科学技术的研究、开发和应用，鼓励环境保护产业的发展，促进环境保护信息化建设，提高环境保护科学技术水平。
	第八条 各级人民政府应当加强环境保护宣传，鼓励基层群众性自治组织、社会组织开展环境保护法律、法规以及环境保护知识的宣传工作，营造保护环境的良好风气。 教育行政部门、学校应当将环境保护知识纳入学校教育内容，培养青少年的环境保护意识。 新闻媒体应当开展环境保护法律、法规以及环境保护知识的宣传，对环境违法行为进行舆论监督。

民事法律文件解读

现 行 法	二次审议稿
第七条 国务院环境保护行政主管部门，对全国环境保护工作实施统一监督管理。 县级以上地方人民政府环境保护行政主管部门，对本辖区的环境保护工作实施统一监督管理。 国家海洋行政主管部门、港务监督、渔政渔港监督、军队环境保护部门和各级公安、交通、铁道、民航管理部门，依照有关法律的规定对环境污染防治实施监督管理。 县级以上人民政府的土地、矿产、林业、农业、水利行政主管部门，依照有关法律的规定对资源的保护实施监督管理。	**第九条** 国务院环境保护行政主管部门，对全国环境保护工作实施统一监督管理；县级以上地方人民政府环境保护行政主管部门，对本行政区域环境保护工作实施统一监督管理。 县级以上人民政府有关部门和军队环境保护部门，依照有关法律的规定对资源保护和环境污染防治实施监督管理。
第八条 对保护和改善环境有显著成绩的单位和个人，由人民政府给予奖励。	**第十条** 对保护和改善环境有显著成绩的单位和个人，由人民政府给予奖励。
第二章　环境监督管理	**第二章　环境监督管理**
第十二条 县级以上人民政府环境保护行政主管部门，应当会同有关部门对管辖范围内的环境状况进行调查和评价，拟订环境保护规划，经计划部门综合平衡后，报同级人民政府批准实施。	**第十一条** 县级以上人民政府应当将环境保护工作纳入国民经济和社会发展规划。 国务院环境保护行政主管部门会同国务院有关部门，根据国民经济和社会发展规划编制国家环境保护规划，报国务院批准并公布实施。

现 行 法	二次审议稿
	国家环境保护规划的内容应当包括自然生态保护和环境污染防治的目标、主要任务、保障措施等。 县级以上地方人民政府环境保护行政主管部门，会同有关部门对管辖范围内的环境状况进行调查和评价，依据国家环境保护规划的要求，拟订本行政区域的环境保护规划，报同级人民政府批准并公布实施。 环境保护规划应当与全国主体功能区规划、土地利用总体规划和城乡规划等相衔接。
第九条　国务院环境保护行政主管部门制定国家环境质量标准。 省、自治区、直辖市人民政府对国家环境质量标准中未作规定的项目，可以制定地方环境质量标准，并报国务院环境保护行政主管部门备案。	第十二条　国务院环境保护行政主管部门制定国家环境质量标准。 省、自治区、直辖市人民政府对国家环境质量标准中未作规定的项目，可以制定地方环境质量标准，并报国务院环境保护行政主管部门备案。 国家鼓励开展环境基准研究。
第十条　国务院环境保护行政主管部门根据国家环境质量标准和国家经济、技术条件，制定国家污染物排放标准。 省、自治区、直辖市人民政府	第十三条　国务院环境保护行政主管部门根据国家环境质量标准和国家经济、技术条件，制定国家污染物排放标准。 省、自治区、直辖市人民政府

现 行 法	二次审议稿
对国家污染物排放标准中未作规定的项目，可以制定地方污染物排放标准；对国家污染物排放标准中已作规定的项目，可以制定严于国家污染物排放标准的地方污染物排放标准。地方污染物排放标准须报国务院环境保护行政主管部门备案。 　　凡是向已有地方污染物排放标准的区域排放污染物的，应当执行地方污染物排放标准。	对国家污染物排放标准中未作规定的项目，可以制定地方污染物排放标准；对国家污染物排放标准中已作规定的项目，可以制定严于国家污染物排放标准的地方污染物排放标准。地方污染物排放标准须报国务院环境保护主管部门备案。 　　凡是向已有地方污染物排放标准的区域排放污染物的，应当执行地方污染物排放标准。
第十一条　国务院环境保护行政主管部门建立监测制度，制定监测规范，会同有关部门组织监测网络，加强对环境监测的管理。 　　国务院和省、自治区、直辖市人民政府的环境保护行政主管部门，应当定期发布环境状况公报。	**第十四条**　国务院环境保护行政主管部门会同有关部门，建立、健全环境监测制度，制定监测规范，组织监测网络，建立环境信息共享机制，加强对环境监测的管理。 　　国家环境质量监测站（点）由国务院环境保护行政主管部门会同有关部门统一规划设置。重点污染源排放监测站（点）由环境保护行政主管部门统一设置。有关行业环境质量监测站（点）的设置应当符合有关法律、法规规定和监测规范的要求。 　　从事环境监测工作，应当遵守监测规范。监测机构应当使用符合国家标准的监测设备，监测机构负责人对监测数据的真实性和准确性负责。

现 行 法	二次审议稿
第十三条 建设污染环境的项目，必须遵守国家有关建设项目环境保护管理的规定。 建设项目的环境影响报告书，必须对建设项目产生的污染和对环境的影响作出评价，规定防治措施，经项目主管部门预审并依照规定的程序报环境保护行政主管部门批准。环境影响报告书经批准后，计划部门方可批准建设项目设计任务书。	**第十五条** 编制有关开发利用规划，建设对环境有影响的项目，应当依法进行环境影响评价。 未依法进行环境影响评价的建设项目，不得开工建设。
第十五条 跨行政区的环境污染和环境破坏的防治工作，由有关地方人民政府协商解决，或者由上级人民政府协调解决，作出决定。	**第十六条** 跨行政区的环境污染和生态破坏的防治工作，由有关地方人民政府协商解决，或者由上级人民政府协调解决。 国家建立跨行政区重点区域、流域环境污染和生态破坏联合防治协调机制，实行统一规划、统一监测，实施统一的防治措施。 实施联合防治的重点区域、流域由国务院环境保护行政主管部门会同国务院有关部门和有关省、自治区、直辖市人民政府确定，报国务院批准。
	第十七条 企业事业单位和其他生产经营者，在污染物排放已经达标的基础上，通过采取技术改造等措施，进一步减少污染物排放的，以及按照产业结构和城乡规划布局调整的要求关闭、搬迁、转产的，人民政府应当依法采取财政、价格、信贷、政府采购等方面的政策和措施予以支持。

民事法律文件解读

现 行 法	二次审议稿
第十四条 县级以上人民政府环境保护行政主管部门或者其他依照法律规定行使环境监督管理权的部门,有权对管辖范围内的排污单位进行现场检查。被检查的单位应当如实反映情况,提供必要的资料。检查机关应当为被检查的单位保守技术秘密和业务秘密。	**第十八条** 县级以上人民政府环境保护行政主管部门或者其他依照法律规定行使环境监督管理权的部门,有权对管辖范围内排放污染物的企业事业单位和其他生产经营者进行现场检查。被检查的单位应当如实反映情况,提供必要的资料。检查机关应当为被检查的单位保守技术秘密和业务秘密。 根据现场检查目的,可以检查以下内容: (一)防治污染设施的建设和运行; (二)污染物排放和监测记录; (三)环境保护责任制; (四)限期治理计划的实施; (五)突发环境事件应急预案的制定和演练; (六)法律、法规规定的其他需要检查的内容。
	第十九条 国家实行环境保护目标责任制和考核评价制度。国务院和地方人民政府将环境保护目标完成情况作为对本级人民政府环境保护行政主管部门及其负责人和下级人民政府及其负责人的考核内容。考核结果应当向社会公开。

现 行 法	二次审议稿
	上级人民政府及其环境保护行政主管部门应当加强对下级人民政府及其有关部门环境保护工作的监督检查。发现有关工作人员有违法行为，依法应当给予行政处分的，应当向其任免机关或者监察机关提出处分建议。 　　依法应当给予行政处罚，而有关环境保护行政主管部门不给予行政处罚的，上级人民政府环境保护行政主管部门有权责令其作出行政处罚决定或者建议有关人民政府责令其给予行政处罚。
	第二十条　　县级以上人民政府应当定期向本级人民代表大会常务委员会报告本行政区域环境状况和环境保护目标的完成情况；县级以上地方人民政府对本行政区域发生的重大环境事件应当及时向本级人民代表大会常务委员会提出专项报告，依法接受监督。
第三章　保护和改善环境	**第三章　保护和改善环境**
第十六条　　地方各级人民政府，应当对本辖区的环境质量负责，采取措施改善环境质量。	第二十一条　　地方各级人民政府，应当采取措施改善环境质量。 　　未达到国家环境质量标准的重点区域或者流域的有关地方人民政府，应当制定限期达标规划，并采取措施按期达标。

现 行 法	二次审议稿
第十七条 各级人民政府对具有代表性的各种类型的自然生态系统区域，珍稀、濒危的野生动植物自然分布区域，重要的水源涵养区域，具有重大科学文化价值的地质构造、著名溶洞和化石分布区、冰川、火山、温泉等自然遗迹，以及人文遗迹、古树名木，应当采取措施加以保护，严禁破坏。	第二十二条 各级人民政府对具有代表性的各种类型的自然生态系统区域，珍稀、濒危的野生动植物自然分布区域，重要的水源涵养区域，具有重大科学文化价值的地质构造、著名溶洞和化石分布区、冰川、火山、温泉等自然遗迹，以及人文遗迹、古树名木，应当采取措施加以保护，严禁破坏。
第十八条 在国务院、国务院有关主管部门和省、自治区、直辖市人民政府划定的风景名胜区、自然保护区和其他需要特别保护的区域内，不得建设污染环境的工业生产设施；建设其他设施，其污染物排放不得超过规定的排放标准。已经建成的设施，其污染物排放超过规定的排放标准的，限期治理。	
第十九条 开发利用自然资源，必须采取措施保护生态环境。	第二十三条 开发利用自然资源，应当合理开发，保护生物多样性，保障生态安全，依法制定有关生态环境保护和恢复治理方案并予实施。 引进外来物种以及研究、开发和利用生物技术，应当采取有效措施，防止对生物多样性的破坏。
	第二十四条 国家建立、健全生态保护补偿机制。

现 行 法	二次审议稿
第二十条　各级人民政府应当加强对农业环境的保护，防治土壤污染、土地沙化、盐渍化、贫瘠化、沼泽化、地面沉降和防治植被破坏、水土流失、水源枯竭、种源灭绝以及其他生态失调现象的发生和发展，推广植物病虫害的综合防治，合理使用化肥、农药及植物生长激素。	第二十五条　各级人民政府应当加强对农业环境的保护，促进农业环境保护新技术的使用，加强对农业污染源的监测预警，统筹有关部门采取措施，防治土壤污染、土地沙化、盐渍化、贫瘠化、沼泽化、地面沉降和防治植被破坏、水土流失、水源枯竭、种源灭绝以及其他生态失调现象的发生和发展，推广植物病虫害的综合防治。 县级人民政府应当提高农村环境保护公共服务水平，推动农村环境综合整治。
第二十一条　国务院和沿海地方各级人民政府应当加强对海洋环境的保护。向海洋排放污染物、倾倒废弃物，进行海岸工程建设和海洋石油勘探开发，必须依照法律的规定，防止对海洋环境的污染损害。	第二十六条　国务院和沿海地方各级人民政府应当加强对海洋环境的保护。向海洋排放污染物、倾倒废弃物，进行海岸工程建设和海洋石油勘探开发，必须依照法律的规定，防止对海洋环境的污染损害。
第二十二条　制定城市规划，应当确定保护和改善环境的目标和任务。	第二十七条　制定城市规划，应当确定保护和改善环境的目标和任务。
第二十三条　城乡建设应当结合当地自然环境的特点，保护植被、水域和自然景观，加强城市园林、绿地和风景名胜区的建设。	第二十八条　城乡建设应当结合当地自然环境的特点，保护植被、水域和自然景观，加强城市园林、绿地和风景名胜区的建设。

现 行 法	二次审议稿
	第二十九条 国家鼓励和引导公民使用节能、节水、节材和有利于保护环境的产品及再生产品，减少废弃物的产生。 地方人民政府应当采取措施推动对生活废弃物的分类处置、回收利用。公民应当对生活废弃物进行分类。
第四章 防治环境污染和其他公害	**第四章 防治环境污染和其他公害**
第二十四条 产生环境污染和其他公害的单位，必须把环境保护工作纳入计划，建立环境保护责任制度；采取有效措施，防治在生产建设或者其他活动中产生的废气、废水、废渣、粉尘、恶臭气体、放射性物质以及噪声、振动、电磁波辐射等对环境的污染和危害。	**第三十条** 排放污染物的企业事业单位，应当建立环境保护责任制度，明确单位负责人的责任；依法采取有效措施，防治在生产建设或者其他活动中产生的废气、废水、废渣、粉尘、恶臭气体、放射性物质以及噪声、振动、电磁波辐射等对环境的污染。 严禁通过暗管、渗井、渗坑、高压灌注或者以其他逃避监管的方式排放污染物。
	重点排污单位应当按照国家有关规定和监测规范安装使用监测设备，对其所排放的污染物进行监测，并保存原始监测记录。
第二十五条 新建工业企业和现有工业企业的技术改造，应当采用资源利用率高、污染物排放量少的设备和工艺，采用经济合理的废弃物综合利用技术和污染物处理技术。	**第三十一条** 新建工业企业和现有工业企业的技术改造，应当采用资源利用率高、污染物排放量少的设备和工艺，采用经济合理的废弃物综合利用技术和污染物处理技术。

现 行 法	二次审议稿
第二十六条 建设项目中防治污染的设施，必须与主体工程同时设计、同时施工、同时投产使用。防治污染的设施必须经原审批环境影响报告书的环境保护行政主管部门验收合格后，该建设项目方可投入生产或者使用。 防治污染的设施不得擅自拆除或者闲置，确有必要拆除或者闲置的，必须征得所在地的环境保护行政主管部门同意。	**第三十二条** 建设项目中防治污染的设施，必须与主体工程同时设计、同时施工、同时投产使用。防治污染的设施必须经原审批环境影响报告书的环境保护行政主管部门验收合格后，该建设项目方可投入生产或者使用。 防治污染的设施不得擅自拆除或者闲置，确有必要拆除或者闲置的，必须征得所在地的环境保护行政主管部门同意。
第二十七条 排放污染物的企业事业单位，必须依照国务院环境保护行政主管部门的规定申报登记。 **第二十八条** 排放污染物超过国家或者地方规定的污染物排放标准的企业事业单位，依照国家规定缴纳超标准排污费，并负责治理。水污染防治法另有规定的，依照水污染防治法的规定执行。 征收的超标准排污费必须用于污染的防治，不得挪作他用，具体使用办法由国务院规定。	**第三十三条** 排放污染物的企业事业单位和其他生产经营者，应当对其排放污染物的行为承担责任，按照国家有关规定缴纳排污费。排污费必须全部专项用于环境污染防治，任何单位和个人不得截留、挤占或者挪作他用。
	第三十四条 国家实行重点污染物排放总量控制制度。重点污染物排放总量控制指标由国务院下达，省级人民政府负责分解落实。企业事业单位在执行国家和地方污染物排放标准的同时，应当遵守重点污染物排放总量控制指标。

民事法律文件解读

现 行 法	二次审议稿
	对超过国家重点污染物排放总量控制指标的地区，国务院和省、自治区、直辖市人民政府环境保护行政主管部门应当暂停审批新增重点污染物排放总量的建设项目环境影响评价文件。
	第三十五条　国家依照法律规定实行排污许可管理制度。
第二十九条　对造成环境严重污染的企业事业单位，限期治理。 　　中央或者省、自治区、直辖市人民政府直接管辖的企业事业单位的限期治理，由省、自治区、直辖市人民政府决定。市、县或者市、县以下人民政府管辖的企业事业单位的限期治理，由市、县人民政府决定。被限期治理的企业事业单位必须如期完成治理任务。	**第三十六条**　企业事业单位排放污染物超过国家或者地方排放标准，或者超过重点污染物排放总量控制指标的，有关人民政府或者部门应当作出限期治理的决定，责令其限制生产、排放或者停产整治。 　　被责令限期治理的企业事业单位应当制定限期治理计划并组织实施。限期治理计划应当包括： 　　（一）技术改造、污染治理的可行性研究报告，产品更新和淘汰的计划等； 　　（二）相关资金安排和落实情况； 　　（三）限期治理时序安排和完成目标的最后期限。 　　限期治理计划应当报送环境保护行政主管部门和行业主管部门备案，接受监督。限期治理的企业事业单位必须如期完成治理任务。
第三十条　禁止引进不符合我国环境保护规定要求的技术和设备。	**第三十七条**　禁止引进不符合我国环境保护规定要求的技术和设备。

现 行 法	二次审议稿
	第三十八条　各级人民政府及其有关部门和企业事业单位，应当依照《中华人民共和国突发事件应对法》的规定，做好突发环境事件的应急准备、应急处置和事后恢复等工作。 　　各级人民政府及其有关部门应当依法加强环境风险控制，在应对突发环境事件时应当在抢险、救援、处置过程中采取必要措施，避免或者减少对环境造成损害。 　　企业事业单位应当按照国家有关规定制定突发环境事件应急预案，报环境保护行政主管部门和有关部门备案。在发生或者可能发生环境事件时，企业事业单位必须立即采取措施处理，及时通报可能受到危害的单位和居民，并向当地环境保护行政主管部门和有关部门报告，接受调查处理。 　　突发环境事件应急处置工作结束后，有关人民政府应当及时组织评估事件造成的环境影响和损失，并及时将评估结果向社会公布。
第三十一条　因发生事故或者其他突然性事件，造成或者可能造成污染事故的单位，必须立即采取措施处理，及时通报可能受到污染危害的单位和居民，并向当地环境保护行政主管部门和有关部门报告，接受调查处理。 　　可能发生重大污染事故的企业事业单位，应当采取措施，加强防范。 　　**第三十二条**　县级以上地方人民政府环境保护行政主管部门，在环境受到严重污染威胁居民生命财产安全时，必须立即向当地人民政府报告，由人民政府采取有效措施，解除或者减轻危害。	
第三十三条　生产、储存、运输、销售、使用有毒化学物品和含有放射性物质的物品，必须遵守国家有关规定，防止污染环境。	**第三十九条**　生产、储存、运输、销售、使用有毒化学物品和含有放射性物质的物品，必须遵守国家有关规定，防止污染环境。
第三十四条　任何单位不得将产生严重污染的生产设备转移给没有污染防治能力的单位使用。	**第四十条**　任何单位不得将产生严重污染的生产设备转移给没有污染防治能力的单位使用。

民事法律文件解读

现 行 法	二次审议稿
	第四十一条 各级人民政府及其农业等有关部门和机构应当指导农业生产者科学种植和养殖，合理施用肥料、农药及处置农业废弃物等，防止农业源污染环境。 禁止将不符合国家和地方农用及环境保护标准的固体废物和废水施入农田。施用农药、肥料等农业投入品及进行灌溉，应当采取有效措施，防止重金属及其他有毒有害物质污染环境。 畜禽养殖场、养殖小区、定点屠宰企业等选址、建设和管理应当符合国家有关法律、法规规定，采取有效措施，对畜禽粪便、尸体、污水等废弃物进行科学处置，防止污染环境。 县级人民政府负责组织农村生活废弃物的处置工作。 各级人民政府应当在财政预算中安排资金，支持农村饮用水水源地保护、生活污水和其他废弃物处理、畜禽养殖和屠宰污染防治、土壤污染防治和历史遗留的农村工矿污染治理等环境保护工作。
	第四十二条 各级人民政府应当统筹城乡建设污水处理设施及配套管网，固体废物的清扫、收集、运输和处理等环境卫生设施，危险废物集中处置设施、场所以及其他环境保护公共设施，并保障其正常运行。
	第五章 环境信息公开和公众参与

现 行 法	二次审议稿
	第四十三条 公民、法人和其他组织依法享有获取环境信息、参与和监督环境保护的权利。 各级人民政府及其有关部门应当依法公开环境信息、完善公众参与程序，为公民、法人和其他组织参与和监督环境保护提供便利。
	第四十四条 国务院环境保护行政主管部门统一发布国家环境质量、重点污染源监测信息及其他重大环境信息。省级以上人民政府环境保护行政主管部门定期发布环境状况公报。 县级以上人民政府及其环境保护等有关部门，应当依法公开环境质量、环境监测、突发环境事件以及环境行政许可、行政处罚、排污费的征收和使用、环境质量限期达标情况、污染物排放限期治理情况等信息。 公民、法人和其他组织，可以依照国家有关规定向县级以上人民政府及其环境保护等有关部门申请获取环境信息。
	第四十五条 重点排污单位应当向社会公开其主要污染物的名称、排放方式、排放浓度和总量、超标情况，以及污染防治设施的建设和运行情况。

民事法律文件解读

现 行 法	二次审议稿
	第四十六条 对依法应当编制环境影响报告书的建设项目，建设单位应当在编制时向公众说明情况，征求意见。 环境保护行政主管部门在收到建设项目环境影响报告书后，除涉及国家秘密和商业秘密的事项外，应当予以公开。发现建设项目未充分征求公众意见的，应当责成建设单位征求公众意见。
	第四十七条 公民、法人和其他组织有权对污染环境和破坏生态的单位和个人向环境保护行政主管部门或者其他有关部门检举和控告。 公民、法人和其他组织发现人民政府及其环境保护行政主管部门或者其他有关部门不依法履行环境监督管理职责，或者有违法批准环境影响评价文件等行为的，可以向其上级人民政府或者监察机关举报。
	第四十八条 对污染环境、破坏生态，损害社会公共利益的行为，中华环保联合会以及在省、自治区、直辖市设立的环保联合会可以向人民法院提起诉讼。
第五章 法律责任	第六章 法律责任

现 行 法	二次审议稿
第三十五条 违反本法规定，有下列行为之一的，环境保护行政主管部门或者其他依照法律规定行使环境监督管理权的部门可以根据不同情节，给予警告或者处以罚款： （一）拒绝环境保护行政主管部门或者其他依照法律规定行使环境监督管理权的部门现场检查或者在被检查时弄虚作假的。 （二）拒报或者谎报国务院环境保护行政主管部门规定的有关污染物排放申报事项的。 （三）不按国家规定缴纳超标准排污费的。 （四）引进不符合我国环境保护规定要求的技术和设备的。 （五）将产生严重污染的生产设备转移给没有污染防治能力的单位使用的。	
第三十六条 建设项目的防治污染设施没有建成或者没有达到国家规定的要求，投入生产或者使用的，由批准该建设项目的环境影响报告书的环境保护行政主管部门责令停止生产或者使用，可以并处罚款。	

现 行 法	二次审议稿
第三十七条 未经环境保护行政主管部门同意，擅自拆除或者闲置防治污染的设施，污染物排放超过规定的排放标准的，由环境保护行政主管部门责令重新安装使用，并处罚款。	
第三十八条 对违反本法规定，造成环境污染事故的企业事业单位，由环境保护行政主管部门或者其他依照法律规定行使环境监督管理权的部门根据所造成的危害后果处以罚款；情节较重的，对有关责任人员由其所在单位或者政府主管机关给予行政处分。	
	第四十九条 企业事业单位违法排放污染物，受到罚款处罚，被责令限期改正，逾期不改正的，依法作出处罚决定的行政机关可以按照原处罚数额按日连续处罚。
	第五十条 企业事业单位和其他生产经营者通过暗管、渗井、渗坑、高压灌注或者以其他逃避监管的方式排放污染物，构成犯罪的，依法追究刑事责任；尚不构成犯罪的，对其直接负责的主管人员和其他直接责任人员，依照《中华人民共和国治安管理处罚法》第三十条的规定予以处罚。

现 行 法	二次审议稿
第三十九条 对经限期治理逾期未完成治理任务的企业事业单位,除依照国家规定加收超标准排污费外,可以根据所造成的危害后果处以罚款,或者责令停产、关闭。 前款规定的罚款由环境保护行政主管部门决定。责令停产、关闭,由作出限期治理决定的人民政府决定;责令中央直接管辖的企业事业单位停产、关闭,须报国务院批准。	**第五十一条** 对逾期未完成限期治理任务的企业事业单位,可以在报经有批准权的人民政府批准后责令停业、关闭。
	第五十二条 建设单位未依法提交建设项目环境影响评价文件,擅自开工建设的,由环境保护行政主管部门责令停止建设,处以罚款,并可以责令恢复原状。
	第五十三条 违反本法规定,企业事业单位不公开或者不按照规定公开信息的,由县级以上地方人民政府环境保护行政主管部门处以一万元以上十万元以下罚款,并代为公开。
第四十条 当事人对行政处罚决定不服的,可以在接到处罚通知之日起十五日内,向作出处罚决定的机关的上一级机关申请复议;对复议决定不服的,可以在接到复议决定之日起十五日内,向人民法院起诉。当事人也可以在接到处罚通知之日起十五日内,直接向人民法院起诉。当事人逾期不申请复议、也不向人民法院起诉、又不履行处罚决定的,由作出处罚决定的机关申请人民法院强制执行。	

现 行 法	二次审议稿
第四十一条　造成环境污染危害的，有责任排除危害，并对直接受到损害的单位或者个人赔偿损失。 　　赔偿责任和赔偿金额的纠纷，可以根据当事人的请求，由环境保护行政主管部门或者其他依照法律规定行使环境监督管理权的部门处理；当事人对处理决定不服的，可以向人民法院起诉。当事人也可以直接向人民法院起诉。 　　完全由于不可抗拒的自然灾害，并经及时采取合理措施，仍然不能避免造成环境污染损害的，免予承担责任。	**第五十四条**　因污染环境造成损害的，依法承担侵权责任。 　　当事人因污染环境的赔偿责任和赔偿金额发生纠纷，可以请求环境保护行政主管部门或者其他依照法律规定行使环境监督管理权的部门调解；调解不成的，可以向人民法院起诉。当事人也可以直接向人民法院起诉。
第四十二条　因环境污染损害赔偿提起诉讼的时效期间为三年，从当事人知道或者应当知道受到污染损害时起计算。	**第五十五条**　因环境污染损害赔偿提起诉讼的时效期间为三年，从当事人知道或者应当知道受到污染损害时起计算。
第四十四条　违反本法规定，造成土地、森林、草原、水、矿产、渔业、野生动植物等资源的破坏的，依照有关法律的规定承担法律责任。	**第五十六条**　违反本法规定，造成土地、森林、草原、水、矿产、渔业、野生动植物等资源的破坏的，依照有关法律的规定承担法律责任。

现 行 法	二次审议稿
	第五十七条 各级人民政府及其有关部门有下列行为之一的，对直接负责的主管人员和其他直接责任人员给予记过、记大过或者降级处分；造成严重后果的，给予撤职或者开除处分；其主要负责人应当引咎辞职：
第四十五条 环境保护监督管理人员滥用职权、玩忽职守、徇私舞弊的，由其所在单位或者上级主管机关给予行政处分；构成犯罪的，依法追究刑事责任。	（一）不符合行政许可条件给予行政许可的； （二）对环境违法行为进行包庇的； （三）依法应当作出限期治理或者责令停业、关闭的决定而未作出的； （四）接到公民、法人或者其他组织举报违反本法规定超标排放污染物、造成环境事件、不正常运行防治污染设施以及不落实生态保护措施造成生态破坏等行为，未及时查处的； （五）伪造或者指使伪造监测数据的； （六）应当依法公开环境信息而不公开的； （七）将征收的排污费或者环境保护专项资金截留、挤占或者挪作他用的； （八）法律、法规规定的其他行为。
第四十三条 违反本法规定，造成重大环境污染事故，导致公私财产重大损失或者人身伤亡的严重后果的，对直接责任人员依法追究刑事责任。	**第五十八条** 违反本法规定，构成犯罪的，依法追究刑事责任。
第六章 附 则	**第七章 附 则**

人民法院出版社 2013 年连续出版物

《中国审判指导》丛书

1. 《司法研究与指导》

   张军主编,最高人民法院研究室编。全年 4 辑,每辑 42 元,共 168 元。

2. 《民事审判指导与参考》

   奚晓明主编,最高人民法院民一庭编。全年 4 辑,每辑 38 元,共 152 元。

3. 《商事审判指导》

   奚晓明主编,最高人民法院民二庭编。全年 4 辑,每辑 38 元,共 152 元。

4. 《立案工作指导》

   苏泽林、景汉朝主编,最高人民法院立案一庭、立案二庭编。全年 4 辑,每辑 38 元,共 152 元。

5. 《审判监督指导》

   江必新主编,最高人民法院审监庭编。全年 4 辑,每辑 38 元,共 152 元。

6. 《知识产权审判指导》

   奚晓明主编,最高人民法院民三庭编。全年 2 辑,每辑 38 元,共 76 元。

7. 《涉外商事海事审判指导》

   万鄂湘主编,最高人民法院民四庭编。全年 2 辑,每辑 38 元,共 76 元。

8. 《中国少年司法》

   张军主编,最高人民法院少年法庭工作办公室编。全年 4 辑,每辑 38 元,共 152 元。

《最新法律文件解读》丛书

共 4 种:《刑事法律文件解读》、《民事法律文件解读》、《商事法律文件解读》、《行政与执行法律文件解读》,每种每月 1 辑,每辑 16 元,每辑全年 192 元。

《判解研究》,王利明教授主编,中国人民大学民商事法律科学研究中心主办。全年 4 辑,每辑 38 元,共 152 元。

《刑事法判解研究》,赵秉志教授主编,北京师范大学刑事法律科学研究院主办。全年 4 辑,每辑 38 元,共 152 元。

《刑事法判解》,陈兴良教授主编,北京大学刑事法治研究中心主办。全年 4 辑,每辑 38 元,共 152 元。

《司法文件选》,最高人民法院研究室编,全年 12 辑,每辑 5 元,共 60 元。

《司法文件选解读》,最高人民法院研究室编,全年 12 辑,每辑 6 元,共 72 元。

银行汇款方式:

开户银行:工行王府井金街支行

账号:0200000709004606170

开户名称:人民法院出版社

传真:010 - 67550551

上述图书,邮购请加 15% 邮费。

邮局汇款方式:

邮编:100745

地址:北京市东城区东交民巷 27 号

联系人:人民法院出版社发行部

咨询电话:010 - 67550558　67550548